Culinária do Mediterrâneo
Sabores que Abraçam o Sol

Sofia Amaral

Indice

Pita mediterrâneo

Tempo de preparo: 22 minutos

É hora de cozinhar: 3 minutos

Porções: 2

Nível de dificuldade: fácil

Ingredientes:

- 1/4 xícara de pimenta vermelha
- 1/4 xícara de cebola picada
- 1 xícara de substituto de ovo
- 1/8 colher de chá de sal
- 1/8 colher de chá de pimenta
- 1 tomate em pedaços pequenos
- 1/2 xícara de espinafre fresco picado
- 1-1/2 colheres de chá de manjericão fresco picado
- 2 pitas inteiras
- 2 colheres de sopa de queijo feta esfarelado

Indicações:

Cubra uma frigideira antiaderente pequena com spray de cozinha. Adicione a cebola e a pimenta malagueta por 3 minutos em fogo médio. Adicione o substituto do ovo e tempere com sal e pimenta. Mexa até solidificar. Misture o espinafre picado, o tomate picado e o manjericão picado. Despeje sobre a focaccia. Cubra a mistura de vegetais com a mistura de ovos. Decore com queijo feta esfarelado e sirva imediatamente.

Nutrição (por 100g):267 calorias 3 g de gordura 41 g de carboidratos 20 g de proteína 643 mg de sódio

Ovo recheado com homus

Tempo de preparo: 10 minutos

É hora de cozinhar: 0 minutos

Porções: 6

Nível de dificuldade: fácil

Ingredientes:

- 1/4 xícara de pepino em cubos
- 1/4 xícara de tomate picado
- 2 colheres de chá de suco de limão fresco
- 1/8 colher de chá de sal
- 6 ovos cozidos descascados, cortados ao meio no sentido do comprimento
- 1/3 xícara de hummus de alho assado ou qualquer sabor de hummus
- Salsa fresca picada (opcional)

Indicações:

Combine o tomate, o suco de limão, o pepino e o sal e misture delicadamente. Raspe as gemas dos ovos cortados ao meio e guarde-as para uso posterior. Despeje uma colher grande de hummus em cada metade do ovo. Decore com salsa e meia colher de chá da mistura de tomate e pepino. Sirva imediatamente

Nutrição (por 100g):40 calorias 1g gordura 3g carboidratos 4g

Ovo mexido com salmão defumado

Tempo de preparo: 2 minutos

É hora de cozinhar: 8 minutos

Porções: 4

Nível de dificuldade: médio

Ingredientes:

- 16 onças de substituto de ovo, sem colesterol
- 1/8 colher de chá de pimenta preta
- 2 colheres de sopa de cebolinha picada, mantendo a parte superior
- 1 onça de cream cheese frio com baixo teor de gordura, cortado em cubos de 1/4 de polegada
- 2 onças de flocos de salmão defumado

Indicações:

Corte o cream cheese frio em cubos de ¼ de polegada e reserve. Bata o substituto do ovo e a pimenta em uma tigela grande. Cubra uma frigideira antiaderente com spray de cozinha em fogo médio. Adicione o substituto do ovo e cozinhe por 5 a 7 minutos ou até começar a endurecer, mexendo de vez em quando e raspando o fundo da panela.

Junte o cream cheese, a cebolinha e o salmão. Continue cozinhando e mexendo por mais 3 minutos ou até que os ovos ainda estejam úmidos, mas cozidos.

Nutrição (por 100g):100 calorias 3 g de gordura 2 g de carboidratos 15 g de proteína 772 mg de sódio

Muffins de trigo sarraceno e passas de maçã

Tempo de preparo: 24 minutos

É hora de cozinhar: 20 minutos

Porções: 12

Nível de dificuldade: médio

Ingredientes:

- 1 xícara de farinha multiuso
- 3/4 xícara de farinha de trigo sarraceno
- 2 colheres de sopa de açúcar mascavo
- 1 colher e meia de chá de fermento em pó
- 1/4 colher de chá de bicarbonato de sódio
- 3/4 xícara de leitelho desnatado
- 2 colheres de sopa de azeite
- 1 ovo grande
- 1 xícara de maçãs frescas, cortadas em cubos, descascadas e sem caroço
- 1/4 xícara de passas douradas

Indicações:

Prepare o forno a 375 graus F. Cubra uma forma de muffin para 12 xícaras com spray de cozinha antiaderente ou forminhas de papel. Deixe de lado. Adicione todos os ingredientes secos em uma tigela. Deixe de lado.

Bata os ingredientes líquidos até ficar homogêneo. Transfira a mistura líquida para a mistura de farinha e mexa até ficar umedecido. Adicione as maçãs picadas e as passas. Encha cada forma de muffin com cerca de 2/3 da mistura. Cozinhe até dourar. Use o teste do palito. Servir.

Nutrição (por 100g): 117 calorias 1 g de gordura 19 g de carboidratos 3 g de proteína 683 mg de sódio

Muffins de farelo de abóbora

Tempo de preparo: 20 minutos

É hora de cozinhar: 20 minutos

Porções: 22

Nível de dificuldade: médio

Ingredientes:

- 3/4 xícara de farinha multiuso
- 3/4 xícara de farinha de trigo integral
- 2 colheres de sopa de açúcar
- 1 colher de sopa de fermento em pó
- 1/8 colher de chá de sal
- 1 colher de chá de tempero para torta de abóbora
- 2 xícaras de cereal 100% farelo
- 1 xícara e meia de leite desnatado
- 2 claras de ovo
- 15 onças x 1 lata de abóbora
- 2 colheres de sopa de óleo de abacate

Indicações:

Pré-aqueça o forno a 400 graus Fahrenheit. Prepare uma forma de muffin grande o suficiente para 22 muffins e cubra com spray de cozinha antiaderente. Misture os primeiros quatro ingredientes até combinar. Deixe de lado.

Usando uma tigela grande, misture o leite e o farelo de cereal e deixe descansar por 2 minutos ou até o cereal amolecer. Adicione o óleo, as claras e a abóbora à mistura de farelo e misture bem. Despeje a mistura de farinha e misture bem.

Distribua a massa uniformemente na forma de muffin. Asse por 20 minutos. Retire os muffins da assadeira e sirva quente ou frio.

Nutrição (por 100g): 70 calorias 3 g de gordura 14 g de carboidratos 3 g de proteína 484 mg de sódio

Panquecas de leitelho e trigo sarraceno

Tempo de preparo: 2 minutos

É hora de cozinhar: 18 minutos

Porções: 9

Nível de dificuldade: fácil

Ingredientes:

- 1/2 xícara de farinha de trigo sarraceno
- 1/2 xícara de farinha multiuso
- 2 colheres de chá de fermento
- 1 colher de chá de açúcar mascavo
- 2 colheres de sopa de azeite
- 2 ovos grandes
- 1 xícara de leitelho com baixo teor de gordura

Indicações:

Adicione os primeiros quatro ingredientes a uma tigela. Adicione o óleo, o leitelho e os ovos e misture até ficar homogêneo. Coloque a frigideira em fogo médio e pulverize com spray de cozinha antiaderente. Despeje ¼ xícara de massa na panela e cozinhe por 1 a 2 minutos de cada lado ou até dourar. Sirva imediatamente.

Nutrição (por 100g):108 calorias 3 g de gordura 12 g de carboidratos 4 g de proteína 556 mg de sódio

Rabanada com Compota de Amêndoas e Pêssego

Tempo de preparo: 10 minutos

É hora de cozinhar: 15 minutos

Porções: 4

Nível de dificuldade: fácil

Ingredientes:

- <u>Composto:</u>
- 3 colheres de sopa de substituto do açúcar, feito de sucralose
- 1/3 xícara + 2 colheres de sopa de água, dividida
- 1 1/2 xícara de pêssegos frescos descascados ou congelados, descongelados e escorridos, fatiados
- 2 colheres de sopa de creme de pêssego, sem adição de açúcar
- 1/4 colher de chá de canela em pó
- <u>Torrada Francesa de Amêndoa</u>
- 1/4 xícara de leite desnatado (desnatado)
- 3 colheres de sopa de substituto do açúcar, feito de sucralose
- 2 ovos inteiros
- 2 claras de ovo
- 1/2 colher de chá de extrato de amêndoa
- 1/8 colher de chá de sal
- 4 fatias de pão multigrãos
- 1/3 xícara de amêndoas fatiadas

Indicações:

Para preparar a compota, dissolva 3 colheres de sopa de sucralose em 1/3 xícara de água em uma panela média em fogo médio-alto. Adicione os pêssegos e deixe ferver. Reduza o fogo para médio e continue cozinhando descoberto por mais 5 minutos ou até que os pêssegos estejam macios.

Adicione o restante da água e a pasta e, em seguida, coloque os pêssegos na panela. Cozinhe por mais um minuto ou até a calda engrossar. Retire do fogo e acrescente a canela. Tampa para manter aquecido.

Para fazer torradas francesas. Combine o leite e a sucralose em uma tigela grande e bata até dissolver completamente. Adicione as claras, os ovos, o extrato de amêndoa e o sal. Mergulhe os dois lados das fatias de pão por 3 minutos na mistura de ovos ou até ficarem completamente encharcados. Polvilhe ambos os lados com amêndoas lascadas e pressione bem para aderir.

Cubra uma frigideira antiaderente com spray de cozinha e leve ao fogo médio-alto. Cozinhe as fatias de pão na frigideira por 2 a 3 minutos dos dois lados ou até dourar levemente. Sirva coberto com compota de pêssego.

Nutrição (por 100g):277 calorias 7 g de gordura 31 g de carboidratos 12 g de proteína 665 mg de sódio

Aveia com frutos silvestres e creme de baunilha adoçado

Tempo de preparo: 5 minutos

É hora de cozinhar: Cinco minutos

Porções: 4

Nível de dificuldade: fácil

Ingredientes:

- 2 xícaras de água
- 1 xícara de aveia de cozimento rápido
- 1 colher de sopa de substituto de açúcar à base de sucralose
- 1/2 colher de chá de canela em pó
- 1/8 colher de chá de sal
- <u>Creme</u>
- 3/4 xícara meio a meio sem gordura
- 3 colheres de sopa de substituto de açúcar à base de sucralose
- 1/2 colher de chá de extrato de baunilha
- 1/2 colher de chá de extrato de amêndoa
- <u>Tempero</u>
- 1 1/2 xícara de mirtilos frescos
- 1/2 xícara de framboesas frescas ou congeladas, descongeladas

Indicações:

Leve a água para ferver em fogo alto e acrescente a aveia. Reduza o fogo para médio enquanto cozinha a aveia, descoberta, por 2 minutos ou até engrossar. Retire do fogo e adicione o substituto do açúcar, o sal e a canela. Em uma tigela média, misture todos os ingredientes do creme até incorporar bem. Recolha os flocos de aveia cozidos em 4 porções iguais e regue com o creme adoçado. Decore com frutas vermelhas e sirva.

Nutrição (por 100g):150 calorias 5 g de gordura 30 g de carboidratos 5 g de proteína 807 mg de sódio

Crepe de chocolate e morango

Tempo de preparo: 5 minutos

É hora de cozinhar: 10 minutos

Porções: 4

Nível de dificuldade: fácil

Ingredientes:

- 1 xícara de farinha de trigo mole
- 2/3 xícara de leite desnatado (1%)
- 2 claras de ovo
- 1 ovo
- 3 colheres de sopa de açúcar
- 3 colheres de sopa de cacau em pó sem açúcar
- 1 colher de sopa de manteiga derretida resfriada
- 1/2 colher de chá de sal
- 2 colheres de chá de óleo de canola
- 3 colheres de sopa de creme de morango
- 3 1/2 xícaras de morangos fatiados frescos ou descongelados
- 1/2 xícara de cobertura batida congelada sem gordura, descongelada
- Folhas de hortelã fresca (se desejar)

Indicações:

Misture os primeiros oito ingredientes em uma tigela grande até ficar homogêneo e bem misturado.

Pincele ¼ colher de chá de óleo em uma frigideira antiaderente pequena em fogo médio. Despeje ¼ xícara de massa no centro e mexa para cobrir a panela com massa.

Asse por um minuto ou até que a panqueca fique opaca e as bordas secas. Vire para o outro lado e cozinhe por mais meio minuto. Repita o processo com o restante da mistura e do óleo.

Despeje ¼ xícara de morangos descongelados no centro do crepe e gire para cobrir o recheio. Cubra com 2 colheres de sopa de chantilly e decore com hortelã antes de servir.

Nutrição (por 100g):334 calorias 5 g de gordura 58 g de carboidratos 10 g de proteína 678 mg de sódio

Quiche de presunto e aspargos

Tempo de preparo: 5 minutos

É hora de cozinhar: 42 minutos

Porções: 6

Nível de dificuldade: fácil

Ingredientes:

- 2 xícaras de aspargos fatiados de 1/2 polegada
- 1 pimenta vermelha picada
- 1 xícara de leite com baixo teor de gordura (1%)
- 2 colheres de sopa de farinha de trigo mole
- 4 claras de ovo
- 1 ovo inteiro
- 1 xícara de presunto cozido picado
- 2 colheres de sopa de estragão ou manjericão fresco picado
- 1/2 colher de chá de sal (opcional)
- 1/4 colher de chá de pimenta preta
- 1/2 xícara de queijo suíço picado

Indicações:

Pré-aqueça o forno a 350 graus F. Coloque pimenta e aspargos no microondas em 1 colher de sopa de água em ALTA por 2 minutos. Drenagem. Misture a farinha e o leite, depois acrescente o ovo e as claras até incorporar bem. Adicione os legumes e os demais ingredientes, exceto o queijo.

Despeje em uma forma de bolo de 23 cm e leve ao forno por 35 minutos. Polvilhe o queijo sobre a quiche e leve ao forno por mais 5 minutos ou até o queijo derreter. Deixe esfriar por 5 minutos e depois corte em 6 fatias para servir.

Nutrição (por 100g):138 calorias 1 g de gordura 8 g de carboidratos 13 g de proteína 588 mg de sódio

scones de maçã e queijo

Tempo de preparo: 20 minutos

É hora de cozinhar: 15 minutos

Porções: 10

Nível de dificuldade: médio

Ingredientes:

- 1 xícara de farinha multiuso
- 1 xícara de farinha de trigo integral, branca
- 3 colheres de sopa de açúcar
- 1 colher e meia de chá de fermento em pó
- 1/2 colher de chá de sal
- 1/2 colher de chá de canela em pó
- 1/4 colher de chá de bicarbonato de sódio
- 1 maçã Granny Smith, cortada em cubos
- 1/2 xícara de queijo cheddar picado ralado
- 1/3 xícara de purê de maçã, simples ou sem açúcar
- 1/4 xícara de leite desnatado (desnatado)
- 3 colheres de sopa de manteiga derretida
- 1 ovo

Indicações:

Prepare o forno a 425 graus F. Prepare a assadeira forrando-a com papel manteiga. Combine todos os ingredientes secos em uma tigela e misture. Adicione o queijo e a maçã. Deixe de lado. Misture todos os ingredientes molhados. Despeje sobre a mistura seca até que a mistura fique lisa e fique como uma massa pegajosa.

Sove a massa sobre uma tábua enfarinhada cerca de 5 vezes. Pat então espalhe em um círculo de 20 centímetros. Corte em 10 cortes diagonais.

Coloque em uma assadeira e pulverize com spray de cozinha. Asse por 15 minutos ou até dourar levemente. Servir.

Nutrição (por 100g):169 calorias 2 g de gordura 26 g de carboidratos 5 g de proteína 689 mg de sódio

Bacon e ovos

Tempo de preparo: 15 minutos

É hora de cozinhar: 15 minutos

Porções: 4

Nível de dificuldade: fácil

Ingredientes:

- 1 xícara de substituto de ovo, sem colesterol
- 1/4 xícara de parmesão picado
- 2 fatias de bacon canadense, cortadas em cubos
- 1/2 colher de chá de molho de pimenta vermelha
- 1/4 colher de chá de pimenta preta
- 4 tortilhas de trigo integral, 7 polegadas
- 1 xícara de folhas de espinafre baby

Indicações:

Pré-aqueça o forno a 325 graus F. Misture os cinco primeiros ingredientes para fazer o recheio. Despeje a mistura em uma assadeira de vidro de 23 cm borrifada com spray de cozinha com sabor de manteiga.

Cozinhe por 15 minutos ou até que os ovos estejam firmes. Retire do forno. Coloque as tortilhas no forno por um minuto. Corte a mistura de ovo cozido em quartos. Coloque uma moeda no centro de cada tortilha e cubra com ¼ xícara de espinafre. Dobre a tortilha de baixo para o centro e depois ambos os lados em direção ao centro para fechar. Sirva imediatamente.

Nutrição (por 100g):195 calorias 3 g de gordura 20 g de carboidratos 15 g de proteína 688 mg de sódio

Muffins de Laranja e Mirtilo

Tempo de preparo: 10 minutos

É hora de cozinhar: 10-25 minutos

Porções: 12

Nível de dificuldade: médio

Ingredientes:

- 1 3/4 xícara de farinha multiuso
- 1/3 xícara de açúcar
- 2 colheres e meia de chá de fermento em pó
- 1/2 colher de chá de bicarbonato de sódio
- 1/2 colher de chá de sal
- 1/2 colher de chá de canela em pó
- 3/4 xícara de leite desnatado (desnatado)
- 1/4 xícara de manteiga
- 1 ovo grande, levemente batido
- 3 colheres de sopa de suco de laranja concentrado descongelado
- 1 colher de chá de baunilha
- 3/4 xícara de mirtilos frescos

Indicações:

Prepare o forno a 400 graus F. Siga as etapas 2 a 5 para o muffin de trigo sarraceno, maçã e passas. Encha ¾ das formas de muffin com a mistura e leve ao forno por 20 a 25 minutos. Deixe esfriar por 5 minutos e sirva quente.

Nutrição (por 100g):149 calorias 5 g de gordura 24 g de carboidratos 3 g de proteína 518 mg de sódio

14. Aveia Assada com Cobertura de Gengibre e Pêra

Tempo de preparo: 10 minutos

É hora de cozinhar: 15 minutos

Porções: 2

Nível de dificuldade: fácil

Ingredientes:

- 1 xícara de aveia em flocos à moda antiga
- 3/4 xícara de leite desnatado (desnatado)
- 1 clara de ovo
- 1 1/2 colher de chá de gengibre fresco ralado ou 3/4 colher de chá de gengibre em pó
- 2 colheres de sopa de açúcar mascavo, dividido
- 1/2 pêra madura cortada em cubos

Indicações:

Pulverize 2 ramequins de 6 onças com spray de cozinha antiaderente. Prepare o forno a 350 graus F. Combine os primeiros quatro ingredientes e uma colher de sopa de açúcar e misture bem. Despeje uniformemente entre os 2 moldes. Complete com fatias de pêra e a restante colher de açúcar. Asse por 15 minutos. Servir quente.

Nutrição (por 100g):268 calorias 5 g de gordura 2 g de carboidratos 10 g de proteína 779 mg de sódio

Omelete vegetariano grego

Tempo de preparo: 10 minutos

É hora de cozinhar: 20 minutos

Porções: 2

Nível de dificuldade: fácil

Ingredientes:

- 4 ovos grandes
- 2 colheres de sopa de leite desnatado
- 1/8 colher de chá de sal
- 3 colheres de chá de azeite, dividido
- 2 xícaras de Portobello bebê, fatiado
- 1/4 xícara de cebola picada
- 1 xícara de espinafre fresco
- 3 colheres de sopa de queijo feta esfarelado
- 2 colheres de sopa de azeitonas maduras, fatiadas
- pimenta moída na hora

Indicações:

Bata os três primeiros ingredientes juntos. Misture 2 colheres de sopa de óleo em uma frigideira antiaderente em fogo médio-alto. Refogue as cebolas e os cogumelos por 5 a 6 minutos ou até dourar. Adicione o espinafre e cozinhe. Retire a mistura da panela.

Na mesma frigideira, aqueça o azeite restante em fogo médio-baixo. Despeje a mistura de ovos e assim que começar a solidificar, empurre as bordas em direção ao centro para que a mistura crua escorra. Assim que os ovos estiverem firmes, despeje a mistura de vegetais de um lado. Polvilhe com azeitonas e queijo feta e dobre o outro lado para fechar. Corte ao meio e polvilhe com pimenta para servir.

Nutrição (por 100g):271 calorias 2 g de gordura 7 g de carboidratos 18 g de proteína 648 mg de sódio

smoothie de verão

Tempo de preparo: 8 minutos

É hora de cozinhar: 0 minutos

Porções: 2

Nível de dificuldade: fácil

Ingredientes:

- 1/2 banana descascada
- 2 xícaras de morangos cortados ao meio
- 3 colheres de sopa de hortelã picada
- 1 1/2 xícara de água de coco
- 1/2 abacate, sem caroço e descascado
- 1 tâmara picada
- Cubos de gelo conforme necessário

Indicações:

Adicione tudo no liquidificador e bata até ficar homogêneo. Adicione cubos de gelo para engrossar e sirva frio.

Nutrição (por 100g): 360 calorias 12 g de gordura 5 g de carboidratos 31 g de proteína 737 mg de sódio

Pitas de presunto e ovo

Tempo de preparo: 5 minutos

É hora de cozinhar: 15 minutos

Porções: 4

Nível de dificuldade: fácil

Ingredientes:

- 6 ovos
- 2 chalotas picadas
- 1 colher de chá de azeite
- 1/3 xícara de presunto defumado picado
- 1/3 xícara de pimentão verde doce picado
- 1/4 xícara de queijo brie
- Sal marinho e pimenta preta a gosto
- 4 folhas de alface
- 2 pães pita de trigo integral

Indicações:

Aqueça o azeite numa frigideira em fogo médio. Adicione a cebola e o pimentão verde e cozinhe por cinco minutos, mexendo sempre.

Pegue uma tigela e bata os ovos, polvilhando com sal e pimenta. Certifique-se de que os ovos estejam bem batidos. Coloque os ovos na frigideira e depois misture o presunto e o queijo. Misture bem e cozinhe até a mistura engrossar. Divida os pães ao meio e abra os bolsos. Espalhe uma colher de chá de mostarda em cada bolso e adicione uma folha de alface em cada um. Divida a mistura de ovos em cada um e sirva.

Nutrição (por 100g):610 calorias 21 g de gordura 10 g de carboidratos 41 g de proteína 807 mg de sódio

cuscuz no café da manhã

Tempo de preparo: 5 minutos

É hora de cozinhar: 15 minutos

Porções: 4

Nível de dificuldade: médio

Ingredientes:

- 3 xícaras de leite com baixo teor de gordura
- 1 pau de canela
- 1/2 xícara de damascos secos e picados
- 1/4 xícara de groselhas secas
- 1 xícara de cuscuz cru
- Uma pitada de sal marinho fino
- 4 colheres de chá de manteiga derretida
- 6 colheres de chá de açúcar mascavo

Indicações:

Aqueça uma panela com o leite e a canela em fogo médio-alto. Cozinhe por três minutos antes de retirar a panela do fogo.

Adicione os damascos, o cuscuz, o sal, as groselhas e o açúcar. Misture bem e cubra. Reserve e deixe descansar por quinze minutos.

Descarte o pau de canela e divida pelas tigelas. Polvilhe com açúcar mascavo antes de servir.

Nutrição (por 100g):520 calorias 28 g de gordura 10 g de carboidratos 39 g de proteína 619 mg de sódio

Salada de pêssego no café da manhã

Tempo de preparo: 10 minutos

É hora de cozinhar: 0 minutos

Porções: 1

Nível de dificuldade: fácil

Ingredientes:

- 1/4 xícara de nozes picadas e torradas
- 1 colher de chá de mel cru
- 1 pêssego, sem caroço e fatiado
- 1/2 xícara de queijo cottage, sem gordura e em temperatura ambiente
- 1 colher de sopa de hortelã fresca picada
- 1 limão, raspas

Indicações:

Coloque a ricota em uma tigela e decore com rodelas de pêssego e nozes. Tempere com mel e decore com hortelã.

Polvilhe com raspas de limão antes de servir imediatamente.

Nutrição (por 100g):280 calorias 11 g de gordura 19 g de carboidratos 39 g de proteína 527 mg de sódio

aveia salgada

Tempo de preparo: 10 minutos

É hora de cozinhar: 10 minutos

Porções: 2

Nível de dificuldade: fácil

Ingredientes:

- 1/2 xícara de aveia cortada em aço
- 1 xícara de água
- 1 tomate grande e picado
- 1 pepino picado
- 1 colher de sopa de azeite
- Sal marinho e pimenta preta a gosto
- Salsa de folhas planas picada para enfeitar
- Parmesão, baixo teor de gordura e ralado na hora

Indicações:

Leve a aveia e um copo de água para ferver em uma panela em fogo alto. Mexa frequentemente até que a água seja completamente absorvida, o que levará cerca de quinze minutos. Divida entre duas tigelas e acrescente o tomate e o pepino. Regue com azeite e decore com parmesão. Decore com salsa antes de servir.

Nutrição (por 100g):408 calorias 13 g de gordura 10 g de carboidratos 28 g de proteína 825 mg de sódio

Torrada de tahine e maçã

Tempo de preparo: 15 minutos

É hora de cozinhar: 0 minutos

Porções: 1

Nível de dificuldade: fácil

Ingredientes:

- 2 colheres de sopa de tahine
- 2 fatias de pão integral torrado
- 1 colher de chá de mel cru
- 1 maçã, pequena, sem caroço e em fatias finas

Indicações:

Comece espalhando o tahine nas torradas e depois coloque as maçãs por cima. polvilhe com mel antes de servir.

Nutrição (por 100g):366 calorias 13 g de gordura 9 g de carboidratos 29 g de proteína 686 mg de sódio

Ovos mexidos com manjericão

Tempo de preparo: 5 minutos

É hora de cozinhar: 10 minutos

Porções: 2

Nível de dificuldade: fácil

Ingredientes:

- 4 ovos grandes
- 2 colheres de sopa de manjericão fresco, picado
- 2 colheres de sopa de queijo Gruyère ralado
- 1 colher de sopa de creme
- 1 colher de sopa de azeite
- 2 dentes de alho picados
- Sal marinho e pimenta preta a gosto

Indicações:

Pegue uma tigela grande e misture o manjericão, o queijo, as natas e os ovos. Bata até ficar bem combinado. Pegue uma frigideira grande em fogo médio-baixo e aqueça o óleo. Adicione o alho e cozinhe por um minuto. Deve ficar dourado.

Despeje a mistura de ovos na panela sobre o alho e continue mexendo enquanto cozinha para que fiquem leves e fofos. Tempere bem e sirva quente.

Nutrição (por 100g):360 calorias 14g de gordura 8g de carboidratos 29g de proteína 545mg de sódio

Batatas e ovos gregos.

Tempo de preparo: 10 minutos

É hora de cozinhar: 30 minutos

Porções: 2

Nível de dificuldade: fácil

Ingredientes:

- 3 tomates, sem sementes e picados grosseiramente
- 2 colheres de sopa de manjericão fresco picado
- 1 dente de alho picado
- 2 colheres de sopa + ½ xícara de azeite, dividido
- sal marinho e pimenta preta a gosto
- 3 batatas vermelhas grandes
- 4 ovos grandes
- 1 colher de chá de orégano fresco picado

Indicações:

Pegue o processador de alimentos e coloque os tomates, misturando-os com as cascas.

Adicione o alho, duas colheres de sopa de azeite, sal, pimenta e manjericão. Misture até ficar bem combinado. Coloque esta mistura em uma panela e cozinhe sob a tampa por vinte e cinco minutos em fogo baixo. Seu molho deve ser espesso e espumante.

Corte as batatas em cubos e coloque-as numa frigideira com ½ xícara de azeite em fogo médio-baixo.

Frite as batatas até ficarem douradas e crocantes. Isso deve levar cinco minutos, então tampe a panela e reduza o fogo. Cozinhe no vapor até que as batatas estejam cozidas.

Adicione os ovos ao molho de tomate e cozinhe em fogo baixo por seis minutos. Seus ovos devem estar prontos.

Retire as batatas da panela e escorra em papel absorvente. Coloque-os em uma tigela. Polvilhe com sal, pimenta e orégano e sirva os ovos com as batatas. Despeje o molho sobre a mistura e sirva quente.

Nutrição (por 100g):348 calorias 12 g de gordura 7 g de carboidratos 27 g de proteína 469 mg de sódio

Smoothie de abacate e mel

Tempo de preparo: 5 minutos

É hora de cozinhar: 0 minutos

Porções: 2

Nível de dificuldade: fácil

Ingredientes:

- 1 xícara e meia de leite de soja
- 1 abacate grande
- 2 colheres de sopa de mel cru

Indicações:

Adicione todos os ingredientes e misture até ficar homogêneo e sirva imediatamente.

Nutrição (por 100g):280 calorias 19 g de gordura 11 g de carboidratos 30 g de proteína 547 mg de sódio

omelete de legumes

Tempo de preparo: 5 minutos

É hora de cozinhar: 10 minutos

Porções: 2

Nível de dificuldade: fácil

Ingredientes:

- 1/2 mini berinjela descascada e cortada em cubos
- 1 punhado de folhas de espinafre baby
- 1 colher de sopa de azeite
- 3 ovos grandes
- 1 colher de chá de leite de amêndoa
- 1 onça de queijo de cabra esfarelado
- 1/4 pimentão vermelho pequeno, picado
- sal marinho e pimenta preta a gosto

Indicações:

Comece por aquecer o grelhador no forno, depois acrescente os ovos e o leite de amêndoa. Certifique-se de que tudo esteja bem misturado e depois pegue uma assadeira antiaderente. Aqueça em fogo médio-alto e adicione o azeite.

Assim que o óleo estiver quente, adicione os ovos. Espalhe o espinafre sobre esta mistura em uma camada uniforme e adicione o restante dos vegetais.

Reduza o fogo para médio e polvilhe com sal e pimenta. Deixe os legumes e os ovos cozinharem por cinco minutos. A metade inferior dos ovos deve estar firme e os vegetais macios. Adicione o queijo de cabra e cozinhe na grelha do meio por 3 a 5 minutos. Os ovos devem estar completamente firmes e o queijo derretido. Corte em quartos e sirva quente.

Nutrição (por 100g):340 calorias 16 g de gordura 9 g de carboidratos 37 g de proteína 748 mg de sódio

Mini rolinhos de alface

Tempo de preparo: 15 minutos

É hora de cozinhar: 0 minutos

Porções: 4

Nível de dificuldade: fácil

Ingredientes:

- 1 pepino em cubos
- 1 cebola roxa fatiada
- 1 onça de queijo feta, com baixo teor de gordura, esfarelado
- 1 limão espremido
- 1 tomate picado
- 1 colher de sopa de azeite
- 12 folhas pequenas de alface americana
- sal marinho e pimenta preta a gosto

Indicações:

Misture o tomate, a cebola, o queijo feta e o pepino numa tigela. Misture o azeite e o suco e tempere com sal e pimenta.

Encha cada folha com a mistura de vegetais e enrole bem. Use um palito para mantê-los juntos antes de servir.

Nutrição (por 100g):291 calorias 10g de gordura 9g de carboidratos 27g de proteína 655mg de sódio

Cuscuz com Maçãs e Curry

Tempo de preparo: 20 minutos

É hora de cozinhar: Cinco minutos

Porções: 4

Nível de dificuldade: médio

Ingredientes:

- 2 colheres de chá de azeite
- 2 alhos-porós, apenas as partes brancas, fatiados
- 1 maçã cortada em cubos
- 2 colheres de sopa de curry em pó
- 2 xícaras de cuscuz cozido e integral
- 1/2 xícara de nozes picadas

Indicações:

Aqueça o azeite em uma frigideira em fogo médio. Adicione o alho-poró e cozinhe até ficar macio, o que levará cinco minutos. Adicione sua maçã e cozinhe até ficar macia.

Adicione o curry e o cuscuz e misture bem. Retire do fogo e junte as nozes antes de servir imediatamente.

Nutrição (por 100g):330 calorias 12 g de gordura 8 g de carboidratos 30 g de proteína 824 mg de sódio

Pudim de cordeiro e legumes

Tempo de preparo: 20 minutos

É hora de cozinhar: 1 hora e 10 minutos

Porções: 8

Nível de dificuldade: médio

Ingredientes:

- 1/4 xícara de azeite
- 1 quilo de cordeiro magro, desossado e cortado em pedaços de ½ polegada
- 2 batatas vermelhas grandes, lavadas e cortadas em cubos
- 1 cebola picada grosseiramente
- 2 dentes de alho picados
- 28 onças de tomate picado com líquido, enlatado e sem sal
- 2 abobrinhas cortadas em fatias de ½ polegada
- 1 pimentão vermelho, sem sementes e cortado em cubos de 2,5 cm
- 2 colheres de sopa de salsinha picada
- 1 colher de sopa de páprica
- 1 colher de chá de tomilho
- 1/2 colher de chá de canela
- 1/2 copo de vinho tinto
- sal marinho e pimenta preta a gosto

Indicações:

Comece ligando o forno a 325 e depois pegue uma panela grande. Leve ao fogo médio-alto para aquecer o azeite. Assim que o óleo estiver quente, acrescente o cordeiro, dourando a carne. Mexa sempre para evitar pingos e coloque o cordeiro em uma assadeira. Cozinhe o alho, a cebola e as batatas na panela até ficarem macios, o que deve levar mais cinco a seis minutos. Coloque-os também na panela. Despeje a abobrinha, o pimentão e o tomate na panela com as ervas e os temperos. Deixe ferver por mais dez minutos antes de despejar na panela. Despeje o vinho e o molho de pimenta. Adicione o tomate e cubra com papel alumínio. Cozinhe por uma hora. Retire a tampa durante os últimos quinze minutos de cozimento e ajuste os temperos se necessário.

Nutrição (por 100g):240 calorias 14 g de gordura 8 g de carboidratos 36 g de proteína 427 mg de sódio

Linguado com ervas

Tempo de preparo: 20 minutos

É hora de cozinhar: 1 hora e 5 minutos

Porções: 4

Nível de dificuldade: médio

Ingredientes:

- 1/2 xícara de salsa de folhas planas, levemente embrulhada
- 1/4 xícara de azeite
- 4 dentes de alho descascados e cortados ao meio
- 2 colheres de sopa de alecrim fresco
- 2 colheres de sopa de folhas frescas de tomilho
- 2 colheres de sopa de sálvia fresca
- 2 colheres de sopa de raspas de limão fresco
- 4 filés de linguado
- sal marinho e pimenta preta a gosto

Indicações:

Prepare o forno a 350ºC e coloque todos os ingredientes, exceto o linguado, no processador de alimentos. Misture até formar uma pasta de avelã. Disponha os filés em uma assadeira e espalhe a massa. Deixe esfriar na geladeira por uma hora. Asse por dez minutos. Tempere e sirva quente.

Nutrição (por 100g):307 calorias 11 g de gordura 7 g de carboidratos 34 g de proteína 824 mg de sódio

Quinoa de couve-flor

Tempo de preparo: 15 minutos

É hora de cozinhar: 10 minutos

Porções: 4

Nível de dificuldade: fácil

Ingredientes:

- 1 1/2 xícara de quinoa cozida
- 3 colheres de sopa de azeite
- 3 xícaras de florzinhas de couve-flor
- 2 cebolinhas picadas
- 1 colher de sopa de vinagre de vinho tinto
- sal marinho e pimenta preta a gosto
- 1 colher de sopa de vinagre de vinho tinto
- 1 colher de sopa de cebolinha picada
- 1 colher de sopa de salsa picada

Indicações:

Comece aquecendo uma frigideira em fogo médio-alto. Adicione seu óleo. Quando o óleo estiver quente, adicione a cebolinha e cozinhe por cerca de dois minutos. Adicione a quinoa e a couve-flor e, em seguida, adicione o restante dos ingredientes. Misture bem e cubra. Cozinhe por nove minutos em fogo médio e divida em travessas.

Nutrição (por 100g):290 calorias 14 g de gordura 9 g de carboidratos 26 g de proteína 656 mg de sódio

Smoothie de manga e pêra

Tempo de preparo: 5 minutos

É hora de cozinhar: 0 minutos

Porções: 1

Nível de dificuldade: fácil

Ingredientes:

- 2 cubos de gelo
- ½ xícara de iogurte grego puro
- ½ manga descascada, sem caroço e picada
- 1 xícara de couve picada
- 1 pêra madura, sem caroço e picada

Indicações:

Misture até a mistura ficar espessa e lisa. Sirva frio.

Nutrição (por 100g):350 calorias 12 g de gordura 9 g de carboidratos 40 g de proteína 457 mg de sódio

Tortilha de espinafre

Tempo de preparo: 10 minutos

É hora de cozinhar: 20 minutos

Porções: 4

Nível de dificuldade: fácil

Ingredientes:

- 3 colheres de sopa de azeite
- 1 cebola pequena e picada
- 1 dente de alho picado
- 4 tomates grandes, sem sementes e picados
- 1 colher de chá de sal marinho fino
- 8 ovos batidos
- ¼ colher de chá de pimenta preta
- 2 onças de queijo feta esfarelado
- 1 colher de sopa de salsa fresca picada

Indicações:

Pré-aqueça o forno a 400 graus e despeje o azeite em um refratário. Leve a panela ao fogo alto, acrescentando a cebola. Cozinhe por cinco a sete minutos. Suas cebolas devem amolecer.

Adicione o tomate, o sal, a pimenta e o alho. Em seguida, cozinhe por mais cinco minutos e acrescente os ovos batidos. Mexa levemente e cozinhe por 3 a 5 minutos. Eles devem ser colocados na parte inferior. Coloque a panela no forno e cozinhe por mais cinco minutos. Retire do forno, decore com salsa e queijo feta. Servir quente.

Nutrição (por 100g):280 calorias 19 g de gordura 10 g de carboidratos 31 g de proteína 625 mg de sódio

Panquecas da amêndoa

Tempo de preparo: 15 minutos

É hora de cozinhar: 15 minutos

Porções: 6

Nível de dificuldade: fácil

Ingredientes:

- 2 xícaras de leite de amêndoa, sem açúcar e em temperatura ambiente
- 2 ovos grandes e em temperatura ambiente
- ½ xícara de óleo de coco derretido + mais para untar
- 2 colheres de chá de mel cru
- ¼ colher de chá de sal marinho, fino
- ½ colher de chá de bicarbonato de sódio
- 1 ½ xícara de farinha de trigo integral
- ½ xícara de farinha de amêndoa
- 1 colher e meia de chá de fermento em pó
- ¼ colher de chá de canela em pó

Indicações:

Pegue uma tigela grande e misture o óleo de coco, os ovos, o leite de amêndoa e o mel, mexendo até incorporar.

Pegue uma tigela média e misture o fermento, o bicarbonato, a farinha de amêndoa, o sal marinho, a farinha de trigo integral e a canela. Misture bem.

Adicione a mistura de farinha à mistura de leite e bata bem.

Pegue uma frigideira grande e unte com óleo de coco antes de levar ao fogo médio-alto. Adicione ½ xícara de massa de panqueca.

Cozinhe por três minutos ou até que as bordas estejam firmes. O fundo da panqueca deve ficar dourado e as bolhas devem perfurar a superfície. Cozinhe os dois lados.

Limpe a panela e repita até usar toda a massa. Certifique-se de untar a panela novamente e cubra com frutas frescas, se desejar.

Nutrição (por 100g):205 calorias 16 g de gordura 9 g de carboidratos 36 g de proteína 828 mg de sódio

Salada de frutas com quinoa

Tempo de preparo: 25 minutos

É hora de cozinhar: 0 minutos

Porções: 4

Nível de dificuldade: fácil

Ingredientes:

- 2 colheres de sopa de mel cru
- 1 xícara de morangos, frescos e fatiados
- 2 colheres de sopa de suco de limão fresco
- 1 colher de chá de manjericão fresco picado
- 1 xícara de quinoa cozida
- 1 manga descascada, sem caroço e cortada em cubos
- 1 xícara de amoras frescas
- 1 pêssego, sem caroço e cortado em cubos
- 2 kiwis descascados e cortados em quartos

Indicações:

Comece misturando o suco de limão, o manjericão e o mel em uma tigela pequena. Em outra tigela, misture os morangos, a quinoa, as amoras, os pêssegos, os kiwis e as mangas. Adicione a mistura de mel e misture bem antes de servir.

Nutrição (por 100g):159 calorias 12 g de gordura 9 g de carboidratos 29 g de proteína 829 mg de sódio

Smoothie de morango e ruibarbo

Tempo de preparo: 8 minutos

É hora de cozinhar: 0 minutos

Porções: 1

Nível de dificuldade: fácil

Ingredientes:

- 1 xícara de morangos, frescos e fatiados
- 1 talo de ruibarbo picado
- 2 colheres de sopa de mel cru
- 3 cubos de gelo
- 1/8 colher de chá de canela em pó
- ½ xícara de iogurte grego puro

Indicações:

Comece retirando uma panela pequena e enchendo-a com água. Leve ao fogo alto para ferver e depois acrescente o ruibarbo. Ferva por três minutos antes de escorrer e misturar.

No liquidificador, adicione o iogurte, o mel, a canela e os morangos. Depois de homogêneo, adicione o sorvete. Misture até que não haja grumos e a mistura fique espessa. Aproveite o frio.

Nutrição (por 100g):201 calorias 11 g de gordura 9 g de carboidratos 39 g de proteína 657 mg de sódio

mingau de cevada

Tempo de preparo: 10 minutos

É hora de cozinhar: 20 minutos

Porções: 4

Nível de dificuldade: fácil

Ingredientes:

- 1 xícara de bagas de trigo
- 1 xícara de cevada
- 2 xícaras de leite de amêndoa sem açúcar + mais para servir
- ½ xícara de mirtilos
- ½ xícara de sementes de romã
- 2 xícaras de água
- ½ xícara de avelãs torradas e picadas
- ¼ xícara de mel cru

Indicações:

Pegue uma panela, leve ao fogo médio-alto e adicione o leite de amêndoa, a água, a cevada e os grãos de trigo. Deixe ferver antes de reduzir o fogo e cozinhar por vinte e cinco minutos. Mexa sempre. Seus grãos devem ficar macios.

Decore cada porção com mirtilos, sementes de romã, avelãs, uma colher de mel e um pouco de leite de amêndoa.

Nutrição (por 100g):150 calorias 10 g de gordura 9 g de carboidratos 29 g de proteína 546 mg de sódio

Smoothie de pão de abóbora e gengibre

Tempo de preparo: 15 minutos

É hora de cozinhar: 50 minutos

Porções: 1

Nível de dificuldade: fácil

Ingredientes:

- 1 xícara de leite de amêndoa, sem açúcar
- 2 colheres de chá de sementes de chia
- 1 banana
- ½ xícara de purê de abóbora em lata
- ¼ colher de chá de gengibre em pó
- ¼ colher de chá de canela em pó
- 1/8 colher de chá de noz-moscada moída

Indicações:

Comece pegando uma tigela e misturando as sementes de chai e o leite de amêndoa. Deixe-os de molho por pelo menos uma hora, mas você pode deixá-los de molho durante a noite. Transfira-os para um liquidificador.

Adicione o restante dos ingredientes e misture até ficar homogêneo. Sirva frio.

Nutrição (por 100g):250 calorias 13 g de gordura 7 g de carboidratos 26 g de proteína 621 mg de sódio

suco verde

Tempo de preparo: 5 minutos

É hora de cozinhar: 0 minutos

Porções: 1

Nível de dificuldade: fácil

Ingredientes:

- 3 xícaras de vegetais de folhas verdes escuras
- 1 pepino
- ¼ xícara de salsa italiana fresca
- ¼ abacaxi, cortado em quartos
- ½ maçã verde
- ½ laranja
- ½ limão
- Uma pitada de gengibre fresco ralado

Indicações:

Usando um espremedor, bata os legumes, o pepino, a salsa, o abacaxi, a maçã, a laranja, o limão e o gengibre, despeje em uma xícara grande e sirva.

Nutrição (por 100g):200 calorias 14 g de gordura 6 g de carboidratos 27 g de proteína 541 mg de sódio

Smoothie de nozes e tâmaras

Tempo de preparo: 10 minutos

É hora de cozinhar: 0 minutos

Porções: 2

Nível de dificuldade: fácil

Ingredientes:

- 4 datas sem caroço
- ½ xícara de leite
- 2 xícaras de iogurte grego puro
- 1/2 xícara de nozes
- ½ colher de chá de canela em pó
- ½ colher de chá de extrato de baunilha puro
- 2-3 cubos de gelo

Indicações:

Misture tudo até ficar homogêneo e sirva frio.

Nutrição (por 100g):109 calorias 11 g de gordura 7 g de carboidratos 29 g de proteína 732 mg de sódio

Batido

Tempo de preparo: 5 minutos

É hora de cozinhar: 0 minutos

Porções: 2

Nível de dificuldade: fácil

Ingredientes:

- 2 xícaras de mirtilos
- 2 xícaras de leite de amêndoa sem açúcar
- 1 xícara de gelo picado
- ½ colher de chá de gengibre em pó

Indicações:

Coloque os mirtilos, o leite de amêndoa, o gelo e o gengibre no liquidificador. Misture até ficar homogêneo.

Nutrição (por 100g):115 calorias 10 g de gordura 5 g de carboidratos 27 g de proteína 912 mg de sódio

Batido de banana e chocolate

Tempo de preparo: 5 minutos

É hora de cozinhar: 0 minutos

Porções: 2

Nível de dificuldade: fácil

Ingredientes:

- 2 bananas descascadas
- 1 xícara de leite desnatado
- 1 xícara de gelo picado
- 3 colheres de sopa de cacau em pó sem açúcar
- 3 colheres de sopa de mel

Indicações:

No liquidificador, misture as bananas, o leite de amêndoa, o gelo, o cacau em pó e o mel. Misture até obter uma mistura homogênea.

Nutrição (por 100g):150 calorias 18 g de gordura 6 g de carboidratos 30 g de proteína 821 mg de sódio

Iogurte de mirtilo, mel e menta

Tempo de preparo: 5 minutos

É hora de cozinhar: 0 minutos

Porções: 2

Nível de dificuldade: fácil

Ingredientes:

- 2 xícaras de iogurte grego sem gordura e sem açúcar
- 1 xícara de mirtilos
- 3 colheres de sopa de mel
- 2 colheres de sopa de folhas de hortelã fresca picadas

Indicações:

Divida o iogurte entre 2 tigelas. Decore com cranberries, mel e hortelã.

Nutrição (por 100g):126 calorias 12 g de gordura 8 g de carboidratos 37 g de proteína 932 mg de sódio

Parfait de frutas vermelhas e iogurte

Tempo de preparo: 5 minutos

É hora de cozinhar: 0 minutos

Porções: 2

Nível de dificuldade: fácil

Ingredientes:

- 1 xícara de framboesas
- 1½ xícara de iogurte grego sem gordura e sem açúcar
- 1 xícara de amoras
- ¼ xícara de nozes picadas

Indicações:

Em 2 tigelas, empilhe as framboesas, o iogurte e as amoras. Polvilhe com nozes.

Nutrição (por 100g):119 calorias 13 g de gordura 7 g de carboidratos 28 g de proteína 732 mg de sódio

Aveia com frutas vermelhas e sementes de girassol

Tempo de preparo: 5 minutos

É hora de cozinhar: 10 minutos

Porções: 4

Nível de dificuldade: fácil

Ingredientes:

- 1 xícara de água
- ½ xícara de leite de amêndoa sem açúcar
- uma pitada de sal
- 1 xícara de aveia em flocos à moda antiga
- ½ xícara de mirtilos
- ½ xícara de framboesas
- ¼ xícara de sementes de girassol

Indicações:

Leve água, leite de amêndoa e sal marinho para ferver em uma panela média em fogo médio-alto.

Adicione a aveia. Reduza o fogo para médio-baixo, continue mexendo e cozinhe por 5 minutos. Cubra e deixe a aveia descansar por mais 2 minutos. Mexa e sirva decorado com mirtilos, framboesas e sementes de girassol.

Nutrição (por 100g):106 calorias 9 g de gordura 8 g de carboidratos 29 g de proteína 823 mg de sódio

Grão Rápido de Amêndoa e Bordo

Tempo de preparo: 5 minutos

É hora de cozinhar: 10 minutos

Porções: 4

Nível de dificuldade: fácil

Ingredientes:

- 1 ½ xícara de água
- ½ xícara de leite de amêndoa sem açúcar
- uma pitada de sal
- ½ xícara de semolina de cozimento rápido
- ½ colher de chá de canela em pó
- ¼ xícara de xarope de bordo puro
- ¼ xícara de amêndoas em flocos

Indicações:

Coloque a água, o leite de amêndoa e o sal marinho em uma panela média e leve ao fogo médio-alto e leve para ferver.

Mexendo sempre com uma colher de pau, acrescente aos poucos os grãos. Continue mexendo para evitar grumos e leve a mistura para ferver. Reduza o fogo para uma configuração média-baixa. Cozinhe por alguns minutos, mexendo regularmente, até que a água seja completamente absorvida. Adicione a canela, a calda e as amêndoas. Cozinhe por mais 1 minuto, mexendo.

Nutrição (por 100g):126 calorias 10 g de gordura 7 g de carboidratos 28 g de proteína 851 mg de sódio

aveia e banana

Tempo de preparo: 10 minutos

É hora de cozinhar: 10 minutos

Porções: 2

Nível de dificuldade: fácil

Ingredientes:

- 1 banana descascada e fatiada
- ¾ colher de chá. leite de amêndoa
- ½ xícara de café frio
- 2 datas sem caroço
- 2 colheres de sopa. cacau em pó
- 1 colher de sopa de aveia
- 1 colher e meia de sopa. sementes de chia

Indicações:

Usando um liquidificador, adicione todos os ingredientes. Trabalhe bem por 5 minutos e sirva.

Nutrição (por 100g):288 calorias 4,4 g de gordura 10 g de carboidratos 5,9 g de proteína 733 mg de sódio

Sanduíche de café da manhã

Tempo de preparo: 5 minutos

É hora de cozinhar: 20 minutos

Porções: 4

Nível de dificuldade: fácil

Ingredientes:

- 4 sanduíches multigrãos
- 4 colheres de chá de azeite
- 4 ovos
- 1 Colher de Sopa. alecrim, fresco
- 2C. folhas de espinafre bebê, frescas
- 1 tomate fatiado
- 1 Colher de Sopa. queijo feta
- Uma pitada de sal kosher
- Pimenta preta

Indicações:

Prepare o forno a 375 F/190 C. Pincele as laterais dos pedaços finos com 2 colheres de sopa. de azeite e coloque-os em uma assadeira. Asse e grelhe por 5 minutos ou até que as bordas estejam levemente douradas.

Num tacho adicione o restante azeite e o alecrim e aqueça em lume alto. Quebre e coloque os ovos inteiros, um a um, na frigideira. A gema ainda deve estar líquida, mas as claras devem endurecer.

Quebre as gemas com uma espátula. Vire o ovo e cozinhe do outro lado até ficar cozido. Retire os ovos do fogo. Disponha as fatias de sanduíche grelhado em 4 pratos separados. Espinafre divino entre os sutis.

Cubra cada um deles com duas fatias de tomate, um ovo cozido e 1 colher de sopa. queijo feta. Polvilhe levemente com sal e pimenta para adicionar sabor. Coloque as metades finas restantes do sanduíche por cima e elas estão prontas para servir.

Nutrição (por 100g):241 calorias 12,2 g de gordura 60,2 g de carboidratos 21 g de proteína 855 mg de sódio

Cuscuz matinal

Tempo de preparo: 10 minutos

É hora de cozinhar: 8 minutos

Porções: 4

Nível de dificuldade: médio

Ingredientes:

- 3 quartos. leite desnatado
- 1 C. cuscuz inteiro, cru
- 1 pau de canela
- ½ damasco picado, seco
- ¼ colher de chá. groselhas secas
- 6 colheres de chá de açúcar mascavo
- ¼ colher de chá de sal
- 4 colheres de chá de manteiga derretida

Indicações:

Pegue uma panela grande, misture o leite e o pau de canela e leve ao fogo médio. Aqueça por 3 minutos ou até formar microbolhas nas bordas da panela. Não ferva. Retire do fogo, acrescente o cuscuz, os damascos, as groselhas, o sal e 4 colheres de sopa. Açúcar mascavo. Cubra a mistura e deixe descansar por 15 minutos. Retire e descarte o pau de canela. Divida o cuscuz em 4 tigelas e cubra cada uma com 1 colher de sopa. manteiga derretida e ½ colher de chá. Açúcar mascavo. Pronto para servir.

Nutrição (por 100g):306 calorias 6 g de gordura 5 g de carboidratos 9 g de proteína 944 mg de sódio

Smoothie de abacate e maçã

Tempo de preparo: 5 minutos

É hora de cozinhar: 0 minutos

Porções: 2

Nível de dificuldade: fácil

Ingredientes:

- 3 quartos. espinafre
- 1 maçã verde sem caroço, picada
- 1 abacate sem caroço, descascado e picado
- 3 colheres de sopa de sementes de chia
- 1 C. Querido
- 1 banana congelada, descascada
- 2C. Leite de côco

Indicações:

Usando seu liquidificador, adicione todos os ingredientes.
Trabalhe bem por 5 minutos para obter uma consistência lisa e
sirva em copos.

Nutrição (por 100g):208 calorias 10,1 g de gordura 6 g de
carboidratos 7 g de proteína 924 mg de sódio

mini omelete

Tempo de preparo: 10 minutos

É hora de cozinhar: 20 minutos

Porções: 8

Nível de dificuldade: fácil

Ingredientes:

- 1 cebola amarela picada
- 1 xícara de queijo parmesão ralado
- 1 pimentão amarelo picado
- 1 pimenta vermelha picada
- 1 abobrinha picada
- sal e pimenta preta
- Um pouco de azeite
- 8 ovos batidos
- 2 colheres de sopa. cebolinha picada

Indicações:

Coloque uma frigideira em fogo médio-alto. Adicione óleo para aquecer. Adicione todos os ingredientes, exceto a cebolinha e os ovos. Doure por cerca de 5 minutos.

Disponha os ovos em uma forma de muffin e decore com cebolinha. Defina o forno para 350 F/176 C. Coloque a forma de muffin no forno para assar por cerca de 10 minutos. Sirva os ovos num prato com os legumes salteados.

Nutrição (por 100g):55 calorias 3 g de gordura 0,7 g de carboidratos 9 g de proteína 844 mg de sódio

Aveia com tomate seco

Tempo de preparo: 10 minutos

É hora de cozinhar: 25 minutos

Porções: 4

Nível de dificuldade: fácil

Ingredientes:

- 3 quartos. água
- 1 xícara de leite de amêndoa
- 1 Colher de Sopa. azeite
- 1 C. aveia cortada em aço
- ¼ colher de chá. tomates picados, secos ao sol
- Uma pitada de flocos de pimenta vermelha

Indicações:

Usando uma panela, adicione a água e o leite para misturar.
Coloque em fogo médio e deixe ferver. Prepare outra frigideira em
fogo médio-alto. Aqueça o óleo e acrescente a aveia e cozinhe por 2
minutos. Transfira para a primeira panela mais os tomates e
misture. Deixe ferver por cerca de 20 minutos. Coloque em tigelas
e decore com flocos de pimenta. Apreciar.

Nutrição (por 100g):170 calorias 17,8 g de gordura 1,5 g de
carboidratos 10 g de proteína 645 mg de sódio

ovo no abacate

Tempo de preparo: 5 minutos

É hora de cozinhar: 15 minutos

Porções: 6

Nível de dificuldade: fácil

Ingredientes:

- 1 C. pó de alho
- ½ colher de chá de sal marinho
- ¼ colher de chá. Queijo parmesão ralado
- ¼ colher de chá de pimenta preta
- 3 abacates sem caroço, cortados ao meio
- 6 ovos

Indicações:

Prepare as formas de muffin e leve ao forno a 350 F/176 C. Divida o abacate. Para garantir que o ovo caiba na cavidade do abacate, raspe levemente 1/3 da polpa.

Coloque o abacate em uma forma de muffin para garantir que fique voltado para cima. Tempere cada abacate uniformemente com pimenta, sal e alho em pó. Adicione um ovo em cada cavidade do abacate e decore com queijo. Leve ao forno para cozinhar até a clara do ovo ficar firme, cerca de 15 minutos. Sirva e aproveite.

Nutrição (por 100g):252 calorias 20 g de gordura 2 g de carboidratos 5 g de proteína 946 mg de sódio

Ovo Brekky - Batata Hash

Tempo de preparo: 10 minutos

É hora de cozinhar: 25 minutos

Porções: 2

Nível de dificuldade: fácil

Ingredientes:

- 1 abobrinha em cubos
- ½ xícara de caldo de galinha
- 1/2 libra ou 220 g de frango cozido
- 1 Colher de Sopa. azeite
- 4 onças. ou 113 g de camarão
- sal e pimenta preta
- 1 batata doce cortada em cubos
- 2 ovos
- ¼ colher de chá de pimenta caiena
- 2 colheres de chá de alho em pó
- 1 xícara de espinafre fresco

Indicações:

Numa panela, adicione o azeite. Frite o camarão, o frango cozido e a batata doce por 2 minutos. Adicione a pimenta caiena, o alho em pó e misture por 4 minutos. Adicione a abobrinha e misture por mais 3 minutos.

Bata os ovos em uma tigela e coloque-os na frigideira. Tempere com sal e pimenta. Cubra com a tampa. Cozinhe por mais 1 minuto e acrescente o caldo de galinha.

Cubra e cozinhe por mais 8 minutos em fogo alto. Adicione o espinafre, misture por mais 2 minutos e sirva.

Nutrição (por 100g):198 calorias 0,7 g de gordura 7 g de carboidratos 10 g de proteína 725 mg de sódio

Sopa de tomate e manjericão

Tempo de preparo: 10 minutos

É hora de cozinhar: 25 minutos

Porções: 2

Nível de dificuldade: médio

Ingredientes:

- 2 colheres de sopa. sopa de vegetais
- 1 dente de alho picado
- ½ xícara de cebola branca
- 1 talo de aipo picado
- 1 cenoura picada
- 3 quartos. Tomates picados
- Sal e pimenta
- 2 folhas de louro
- 1 ½ xícara de leite de amêndoa sem açúcar
- 1/3 colher de chá. Folhas de manjericão

Indicações:

Cozinhe o caldo de legumes em uma panela grande em fogo médio. Adicione o alho e a cebola e cozinhe por 4 minutos. Adicione as cenouras e o aipo. Cozinhe por mais 1 minuto.

Adicione os tomates e deixe ferver. Ferva por 15 minutos. Adicione o leite de amêndoa, o manjericão e o louro. Tempere e sirva.

Nutrição (por 100g):213 calorias 3,9 g de gordura 9 g de carboidratos 11 g de proteína 817 mg de sódio

Húmus de abóbora

Tempo de preparo: 10 minutos

É hora de cozinhar: 15 minutos

Porções: 4

Nível de dificuldade: fácil

Ingredientes:

- 2 libras ou 900 g de abóbora descascada e sem sementes
- 1 Colher de Sopa. azeite
- ¼ colher de chá. tahine
- 2 colheres de sopa. suco de limão
- 2 dentes de alho picados
- Sal e pimenta

Indicações:

Aqueça o forno a 300 F/148 C. Cubra a abóbora com azeite. Coloque em uma assadeira e leve ao forno por 15 minutos. Quando a abóbora estiver cozida, coloque-a no processador de alimentos com o restante dos ingredientes.

Misture até ficar homogêneo. Sirva com cenouras e talos de aipo. Para uso posterior, coloque em recipientes individuais, cole uma etiqueta e guarde na geladeira. Deixe atingir a temperatura ambiente antes de reaquecê-lo no micro-ondas.

Nutrição (por 100g):115 calorias 5,8 g de gordura 6,7 g de carboidratos 10 g de proteína 946 mg de sódio

Muffins de presunto

Tempo de preparo: 10 minutos

É hora de cozinhar: 15 minutos

Porções: 6

Nível de dificuldade: médio

Ingredientes:

- 9 fatias de presunto
- 1/3 colher de chá. espinafre picado
- ¼ colher de chá. queijo feta esfarelado
- ½ xícara de pimentão vermelho assado picado
- sal e pimenta preta
- 1 colher e meia de sopa. Pesto básico
- 5 ovos batidos

Indicações:

Unte com manteiga uma forma de muffin. Use 1 ½ fatia de presunto para forrar cada uma das forminhas de muffin. Com exceção da pimenta preta, do sal, do pesto e dos ovos, distribua os restantes ingredientes pelos copos de presunto. Usando uma tigela, misture a pimenta, o sal, o pesto e os ovos. Despeje a mistura de pimenta por cima. Defina o forno para 400 F/204 C e leve ao forno por cerca de 15 minutos. Sirva imediatamente.

Nutrição (por 100g):109 calorias 6,7 g de gordura 1,8 g de carboidratos 9 g de proteína 386 mg de sódio

Salada de Espelta

Tempo de preparo: 10 minutos

É hora de cozinhar: 0 minutos

Porções: 2

Nível de dificuldade: fácil

Ingredientes:

- 1 Colher de Sopa. azeite
- sal e pimenta preta
- 1 maço de espinafre baby picado
- 1 abacate sem caroço, descascado e picado
- 1 dente de alho picado
- 2C. espelta cozida
- ½ xícara de tomate cereja em cubos

Indicações:

Defina o fogo para médio. Coloque o óleo em uma panela e aqueça. Adicionar o resto dos ingredientes. Cozinhe a mistura por cerca de 5 minutos. Disponha em pratos para servir e saborear.

Nutrição (por 100g):157 calorias 13,7 g de gordura 5,5 g de carboidratos 6 g de proteína 615 mg de sódio

Mirtilos e tâmaras

Tempo de preparo: 10 minutos

É hora de cozinhar: 20 minutos

Porções: 10

Nível de dificuldade: fácil

Ingredientes:

- 12 tâmaras sem caroço, picadas
- 1 C. extrato de baunilha
- ¼ colher de chá. Querido
- ½ xícara de aveia
- ¾ colher de chá. Oxicocos secos
- ¼ colher de chá. óleo de amêndoa e abacate derretido
- 1 xícara de nozes picadas, torradas
- ¼ colher de chá. Sementes de abóbora

Indicações:

Usando uma tigela, misture todos os ingredientes para combinar.

Forre uma assadeira com papel manteiga. Toque em mix nas configurações. Colocamos no freezer por cerca de 30 minutos. Corte em 10 quadrados e divirta-se.

Nutrição (por 100g):263 calorias 13,4 g de gordura 14,3 g de carboidratos 7 g de proteína 845 mg de sódio

Omelete de lentilha e cheddar

Tempo de preparo: 5 minutos

É hora de cozinhar: 17 minutos

Porções: 4

Nível de dificuldade: fácil

Ingredientes:

- 1 cebola roxa picada
- 2 colheres de sopa. azeite
- 1 colher de sopa de batata doce cozida, picada
- ¾ colher de chá. presunto picado
- 4 ovos batidos
- ¾ colher de chá. lentilhas cozidas
- 2 colheres de sopa. iogurte grego
- sal e pimenta preta
- ½ xícara de tomate cereja cortado ao meio,
- ¾ colher de chá. queijo cheddar ralado

Indicações:

Coloque o fogo em médio e coloque uma frigideira por cima. Adicione óleo para aquecer. Adicione a cebola e deixe dourar por cerca de 2 minutos. Exceto o queijo e os ovos, acrescente os demais ingredientes e cozinhe por mais 3 minutos. Adicione os ovos, decore com o queijo. Cozinhe tampado por mais 10 minutos.

Corte a tortilha, coloque em tigelas e saboreie.

Nutrição (por 100g):274 calorias 17,3 g de gordura 3,5 g de carboidratos 6 g de proteína 843 mg de sódio

Sanduíche de atum

Tempo de preparo: 5 minutos

É hora de cozinhar: Cinco minutos

Porções: 2

Nível de dificuldade: fácil

Ingredientes:

- 6 onças. ou 170 g de atum em lata, escorrido e esfarelado
- 1 abacate, sem caroço, descascado e amassado
- 4 fatias de pão integral
- Uma pitada de sal e pimenta preta
- 1 Colher de Sopa. queijo feta esfarelado
- 1 xícara de espinafre

Indicações:

Usando uma tigela, misture a pimenta, o sal, o atum e o queijo até incorporar bem. Nas fatias de pão, aplique um creme de purê de abacate.

Da mesma forma, divida a mistura de atum e espinafre entre 2 fatias. Complete com as 2 fatias restantes. Servir.

Nutrição (por 100g):283 calorias 11,2 g de gordura 3,4 g de carboidratos 8 g de proteína 754 mg de sódio

Salada de Espelta

Tempo de preparo: 15 minutos

É hora de cozinhar: 30 minutos

Porções: 4

Nível de dificuldade: médio

Ingredientes:

- <u>salada</u>
- 2 ½ xícaras de caldo de legumes
- ¾ xícara de queijo feta esfarelado
- 1 lata de grão de bico escorrido
- 1 pepino picado
- 1 ½ xícara de pérola espelta
- 1 colher de sopa de azeite
- ½ cebola fatiada
- 2 xícaras de espinafre baby picado
- 1 litro de tomate cereja
- 1 ¼ xícara de água
- <u>Tempero:</u>
- 2 colheres de sopa de suco de limão
- 1 colher de sopa de mel
- ¼ xícara de azeite
- ¼ colher de chá de orégano
- 1 pitada de flocos de pimenta vermelha
- ¼ colher de chá de sal

- 1 colher de sopa de vinagre de vinho tinto

Indicações:

Aqueça o óleo na panela. Adicione a espelta e cozinhe por um minuto. Certifique-se de mexer regularmente enquanto cozinha. Adicione a água e o caldo e deixe ferver. Reduza o fogo e cozinhe até que o farro esteja macio, cerca de 30 minutos. Escorra a água e transfira a espelta para uma tigela.

Adicione o espinafre e misture. Deixe esfriar por cerca de 20 minutos. Adicione o pepino, a cebola, o tomate, o pimentão, o grão de bico e o queijo feta. Misture bem para obter uma boa mistura. Afaste-se e prepare o molho.

Combine todos os ingredientes do molho e misture bem até ficar homogêneo. Despeje na tigela e misture bem. Tempere bem a gosto.

Nutrição (por 100g):365 calorias 10g de gordura 43g de carboidratos 13g de proteína 845mg de sódio

Salada de grão de bico e abobrinha

Tempo de preparo: 10 minutos

É hora de cozinhar: 0 minutos

Porções: 3

Nível de dificuldade: fácil

Ingredientes:

- ¼ xícara de vinagre balsâmico
- 1/3 xícara de folhas de manjericão picadas
- 1 colher de sopa de alcaparras, escorridas e picadas
- ½ xícara de queijo feta esfarelado
- 1 lata de grão de bico escorrido
- 1 dente de alho picado
- ½ xícara de azeitonas Kalamata picadas
- 1/3 xícara de azeite
- ½ xícara de cebola doce picada
- ½ colher de chá de orégano
- 1 pitada de flocos de pimenta vermelha esmagados
- ¾ xícara de pimenta vermelha picada
- 1 colher de sopa de alecrim picado
- 2 xícaras de abobrinha cortada em cubos
- Sal e pimenta a gosto

Indicações:

Combine os vegetais em uma tigela e tampe bem.

Sirva em temperatura ambiente. Mas para obter melhores resultados, leve a tigela à geladeira por algumas horas antes de servir, para permitir que os sabores se misturem.

Nutrição (por 100g):258 calorias 12 g de gordura 19 g de carboidratos 5,6 g de proteína 686 mg de sódio

Salada provençal de alcachofra

Tempo de preparo: 15 minutos

É hora de cozinhar: Cinco minutos

Porções: 3

Nível de dificuldade: fácil

Ingredientes:

- 250 g de corações de alcachofra
- 1 colher de chá de manjericão picado
- 2 dentes de alho picados
- raspas de 1 limão
- 1 colher de sopa de azeitonas picadas
- 1 colher de sopa de azeite
- ½ cebola picada
- 1 pitada, ½ colher de chá de sal
- 2 tomates picados
- 3 colheres de sopa de água
- ½ copo de vinho branco
- Sal e pimenta a gosto

Indicações:

Aqueça o óleo na panela. Doure a cebola e o alho. Cozinhe até a cebola ficar translúcida e tempere com uma pitada de sal. Despeje o vinho branco e cozinhe até que o vinho reduza pela metade.

Adicione os tomates esmagados, os corações de alcachofra e a água. Deixe ferver e adicione as raspas de limão e cerca de ½ colher de chá de sal. Cubra e cozinhe por cerca de 6 minutos.

Adicione as azeitonas e o manjericão. Tempere bem e divirta-se!

Nutrição (por 100g):147 calorias 13 g de gordura 18 g de carboidratos 4 g de proteína 689 mg de sódio

Salada búlgara

Tempo de preparo: 10 minutos

É hora de cozinhar: 20 minutos

Porções: 2

Nível de dificuldade: médio

Ingredientes:

- 2 xícaras de bulgur
- 1 colher de sopa de manteiga
- 1 pepino cortado em pedaços
- ¼ xícara de endro
- ¼ xícara de azeitonas pretas, cortadas ao meio
- 1 colher de sopa, 2 colheres de chá de azeite
- 4 xícaras de água
- 2 colheres de chá de vinagre de vinho tinto
- sal, apenas o suficiente

Indicações:

Numa frigideira, grelhe o bulgur numa mistura de manteiga e azeite. Cozinhe até que o bulgur esteja dourado e comece a desmanchar.

Adicione a água e tempere com sal. Embrulhe tudo e cozinhe por cerca de 20 minutos ou até o bulgur ficar macio.

Numa tigela, misture os pedaços de pepino com o azeite, o endro, o vinagre de vinho tinto e as azeitonas pretas. Misture tudo bem.

Misture o pepino e o bulgur.

Nutrição (por 100g):386 calorias 14 g de gordura 55 g de carboidratos 9 g de proteína 545 mg de sódio

Saladeira de falafel

Tempo de preparo: 15 minutos

É hora de cozinhar: Cinco minutos

Porções: 2

Nível de dificuldade: fácil

Ingredientes:

- 1 colher de sopa de chutney de alho
- 1 colher de sopa de molho de alho e endro
- 1 pacote de falafel vegetariano
- 1 caixa de homus
- 2 colheres de sopa de suco de limão
- 1 colher de sopa de azeitonas Kalamata sem caroço
- 1 colher de sopa de azeite extra virgem
- 1/4 xícara de cebola picada
- 2 xícaras de salsa picada
- 2 xícaras de pita crocante
- 1 pitada de sal
- 1 colher de sopa de molho de tahine
- ½ xícara de tomate picado

Indicações:

Cozinhe os falafels preparados. Deixe de lado. Prepare a salada. Misture a salsa, a cebola, o tomate, o sumo de limão, o azeite e o sal. Jogue tudo fora e deixe tudo de lado. Transfira tudo para tigelas de servir. Adicione a salsa e cubra com o homus e o falafel. Polvilhe a tigela com molho de tahine, molho de pimenta e alho e molho de endro. Na hora de servir, acrescente o suco de limão e misture bem a salada. Sirva com pão pita ao lado.

Nutrição (por 100g):561 calorias 11 g de gordura 60,1 g de carboidratos 18,5 g de proteína 944 mg de sódio

Salada Grega Fácil

Tempo de preparo: 15 minutos

É hora de cozinhar: 0 minutos

Porções: 2

Nível de dificuldade: fácil

Ingredientes:

- 120 g de queijo feta grego cortado em cubos
- 5 pepinos, cortados longitudinalmente
- 1 colher de chá de mel
- 1 limão mastigado e ralado
- 1 xícara de azeitonas Kalamata, sem caroço e cortadas ao meio
- ¼ xícara de azeite extra virgem
- 1 cebola fatiada
- 1 colher de chá de orégano
- 1 pitada de orégano fresco (para decorar)
- 12 tomates cortados em quartos
- ¼ xícara de vinagre de vinho tinto
- Sal e pimenta a gosto

Indicações:

Em uma tigela, deixe as cebolas de molho em água e sal por 15 minutos. Em uma tigela grande, misture o mel, o suco de limão, as raspas de limão, o orégano, o sal e a pimenta. Misture tudo. Aos poucos, adicione o azeite, mexendo até que o óleo fique emulsionado. Adicione as azeitonas e os tomates. Faça o bem. adicione os pepinos

Escorra as cebolas embebidas em água e sal e adicione-as à mistura de salada. Complete a salada com orégano fresco e queijo feta. Unte com azeite e tempere com pimenta a gosto.

Nutrição (por 100g):292 calorias 17 g de gordura 12 g de carboidratos 6 g de proteína 743 mg de sódio

Salada de rúcula com figos e nozes

Tempo de preparo: 15 minutos

É hora de cozinhar: 10 minutos

Porções: 2

Nível de dificuldade: fácil

Ingredientes:

- 150g de rúcula
- 1 cenoura raspada
- 1/8 colher de chá de pimenta caiena
- 3 onças de queijo de cabra esfarelado
- 1 pote de grão de bico sem sal, escorrido
- ½ xícara de figos secos, cortados em quartos
- 1 colher de chá de mel
- 3 colheres de sopa de azeite
- 2 colheres de chá de vinagre balsâmico
- ½ noz cortada ao meio
- sal, apenas o suficiente

Indicações:

Pré-aqueça o forno a 175 graus. Em uma assadeira, misture as nozes, 1 colher de sopa de azeite, pimenta caiena e 1/8 colher de chá de sal. Transfira a panela para o forno e cozinhe até que as nozes fiquem douradas. Deixe-o de lado quando terminar.

Em uma tigela, misture o mel, o vinagre balsâmico, 2 colheres de sopa de azeite e ¾ colher de chá de sal.

Em uma tigela grande, misture a rúcula, a cenoura e os figos. Adicione as nozes e o queijo de cabra e tempere com o vinagrete balsâmico de mel. Certifique-se de cobrir tudo.

Nutrição (por 100g):403 calorias 9 g de gordura 35 g de carboidratos 13 g de proteína 844 mg de sódio

Salada de Couve Flor com Vinagrete de Tahine

Tempo de preparo: 15 minutos

É hora de cozinhar: Cinco minutos

Porções: 2

Nível de dificuldade: médio

Ingredientes:

- 1 ½ libra de couve-flor
- ¼ xícara de cerejas secas
- 3 colheres de sopa de suco de limão
- 1 colher de sopa de hortelã fresca picada
- 1 colher de chá de azeite
- ½ xícara de salsa picada
- 3 colheres de sopa de pistache salgado torrado, picado
- ½ colher de chá de sal
- ¼ xícara de chalotas picadas
- 2 colheres de sopa de tahine

Indicações:

Rale a couve-flor em um recipiente próprio para micro-ondas, acrescente o azeite e ¼ de sal. Certifique-se de cobrir e temperar a couve-flor uniformemente. Embrulhe a tigela com filme plástico e leve ao microondas por cerca de 3 minutos.

Coloque o arroz com a couve-flor em uma assadeira e deixe esfriar por cerca de 10 minutos. Adicione o suco de limão e a cebola. Deixe descansar para que a couve-flor absorva o sabor.

Adicione a mistura de tahine, cerejas, salsa, hortelã e sal. Misture tudo bem. Polvilhe com pistache torrado antes de servir.

Nutrição (por 100g):165 calorias 10 g de gordura 20 g de carboidratos 6 g de proteína 651 mg de sódio

Salada de Batata Mediterrânea

Tempo de preparo: 15 minutos

É hora de cozinhar: 10 minutos

Porções: 2

Nível de dificuldade: fácil

Ingredientes:

- 1 ramo de folhas de manjericão picadas
- 1 dente de alho amassado
- 1 colher de sopa de azeite
- 1 cebola fatiada
- 1 colher de chá de orégano
- 100g de pimentão vermelho assado. fatias
- 300 g de batatas cortadas ao meio
- 1 lata de tomate cereja
- Sal e pimenta a gosto

Indicações:

Doure as cebolas em uma panela. Adicione o orégano e o alho. Cozinhe tudo por um minuto. Adicione o pimentão e o tomate. Tempere bem e cozinhe por cerca de 10 minutos. Deixe de lado.

Em uma panela, cozinhe as batatas em bastante água e sal. Cozinhe até ficar macio, cerca de 15 minutos. Seque bem. Misture as batatas com o molho e acrescente o manjericão e as azeitonas. Por fim, jogue tudo fora antes de servir.

Nutrição (por 100g):111 calorias 9 g de gordura 16 g de carboidratos 3 g de proteína 745 mg de sódio

Salada de quinoa e pistache

Tempo de preparo: 10 minutos

É hora de cozinhar: 15 minutos

Porções: 2

Nível de dificuldade: fácil

Ingredientes:

- ¼ colher de chá de cominho
- ½ xícara de groselhas secas
- 1 colher de chá de raspas de limão
- 2 colheres de sopa de suco de limão
- ½ xícara de cebolinha verde picada
- 1 colher de sopa de hortelã picada
- 2 colheres de sopa de azeite extra virgem
- 1/4 xícara de salsa picada
- ¼ colher de chá de pimenta moída
- 1/3 xícara de pistache picado
- 1 ¼ xícara de quinoa crua
- 1 2/3 xícara de água

Indicações:

Em uma panela, misture 1 2/3 xícara de água, passas e quinoa. Cozinhe tudo até ferver e depois reduza o fogo. Ferva por cerca de 10 minutos e deixe a quinoa ficar espumosa. Reserve por cerca de 5 minutos. Em um recipiente, transfira a mistura de quinoa. Adicione as nozes, a hortelã, a cebola e a salsa. Misture tudo. Em outra tigela, misture as raspas de limão, o suco de limão, a groselha, o cominho e o óleo. Bata-os juntos. Misture os ingredientes secos e molhados.

Nutrição (por 100g):248 calorias 8 g de gordura 35 g de carboidratos 7 g de proteína 914 mg de sódio

Salada de Frango com Pepino e Molho Picante de Amendoim

Tempo de preparo: 15 minutos

É hora de cozinhar: 0 minutos

Porções: 2

Nível de dificuldade: médio

Ingredientes:

- 1/2 xícara de manteiga de amendoim
- 1 colher de sopa de sambal oelek (pasta de pimenta)
- 1 colher de sopa de molho de soja com baixo teor de sódio
- 1 colher de chá de óleo de gergelim torrado
- 4 colheres de sopa de água ou mais, se necessário
- 1 pepino descascado e cortado em tiras finas
- 1 filé de frango cozido, desfiado em tiras finas
- 2 colheres de sopa de amendoim picado

Indicações:

Combine a manteiga de amendoim, o molho de soja, o óleo de gergelim, o sambal oelek e a água em uma tigela. Disponha as rodelas de pepino num prato. Cubra com o frango fatiado e polvilhe com o molho. Polvilhe com amendoim picado.

Nutrição (por 100g):720 calorias 54 g de gordura 8,9 g de carboidratos 45,9 g de proteína 733 mg de sódio

paella de legumes

Tempo de preparo: 25 minutos

É hora de cozinhar: 45 minutos

Porções: 6

Nível de dificuldade: médio

Ingredientes:

- ¼ xícara de azeite
- 1 cebola doce grande
- 1 pimentão vermelho grande
- 1 pimentão verde grande
- 3 dentes de alho picados finamente
- 1 colher de chá de páprica defumada
- 5 fios de açafrão
- 1 abobrinha cortada em cubos de ½ polegada
- 4 tomates grandes maduros, descascados, sem sementes e picados
- 1 1/2 xícara de arroz espanhol de grão curto
- 3 xícaras de caldo de legumes, aquecido

Indicações:

Pré-aqueça o forno a 350 ° F. Cozinhe o azeite em fogo médio. Adicione a cebola, os pimentões vermelho e verde e cozinhe por 10 minutos.

Adicione o alho, a páprica, os fios de açafrão, a abobrinha e o tomate. Reduza o fogo para médio-baixo e cozinhe por 10 minutos.

Adicione o arroz e o caldo de legumes. Aumente o fogo para ferver a paella. Reduza o fogo para médio-baixo e cozinhe por 15 minutos. Embrulhe a forma em papel alumínio e leve ao forno.

Cozinhe por 10 minutos ou até que o caldo seja absorvido.

Nutrição (por 100g):288 calorias 10g de gordura 46g de carboidratos 3g de proteína 671mg de sódio

Caçarola de berinjela e arroz

Tempo de preparo: 30 minutos

É hora de cozinhar: 35 minutos

Porções: 4

Nível de dificuldade: difícil

Ingredientes:

- <u>Para o molho</u>
- ½ xícara de azeite
- 1 cebola pequena picada
- 4 dentes de alho esmagados
- 6 tomates maduros, descascados e picados
- 2 colheres de sopa de pasta de tomate
- 1 colher de chá de orégano seco
- ¼ colher de chá de noz-moscada moída
- ¼ colher de chá de cominho em pó
- <u>para a panela</u>
- 4 berinjelas japonesas de 15 cm, cortadas ao meio no sentido do comprimento
- 2 colheres de sopa de azeite
- 1 xícara de arroz cozido
- 2 colheres de sopa de pinhões torrados
- 1 xícara de água

Indicações:

faça o molho

Cozinhe o azeite em uma panela de fundo grosso em fogo médio.
Adicione a cebola e cozinhe por 5 minutos. Adicione o alho, o
tomate, a pasta de tomate, o orégano, a noz-moscada e o cominho.
Deixe ferver, reduza o fogo e cozinhe por 10 minutos. Retire e
reserve.

Para fazer a caçarola

Pré-aqueça a grelha. Enquanto o molho ferve, tempere as
berinjelas com azeite e coloque-as em uma assadeira. Cozinhe por
cerca de 5 minutos até dourar. Retire e deixe esfriar. Pré-aqueça o
forno a 375°F. Coloque a berinjela resfriada, com o lado cortado
para cima, em uma assadeira de 23 x 33 cm. Retire com cuidado
um pouco da carne para dar espaço ao recheio.

Numa tigela, misture metade do molho de tomate, o arroz cozido e
os pinhões. Encha cada metade de berinjela com a mistura de
arroz. Na mesma tigela, misture o restante do molho de tomate e a
água. Despeje sobre a berinjela. Cozinhe tampado por 20 minutos
até que as berinjelas estejam macias.

Nutrição (por 100g):453 calorias 39 g de gordura 29 g de carboidratos 7 g de proteína 820 mg de sódio

cuscuz vegetal

Tempo de preparo: 15 minutos

É hora de cozinhar: 45 minutos

Porções: 8

Nível de dificuldade: difícil

Ingredientes:

- ¼ xícara de azeite
- 1 cebola picada
- 4 dentes de alho picados
- 2 pimentões jalapeno perfurados com um garfo em vários lugares
- ½ colher de chá de cominho em pó
- ½ colher de chá de coentro moído
- 1 lata (28 onças) de tomate esmagado
- 2 colheres de sopa de pasta de tomate
- 1/8 colher de chá de sal
- 2 folhas de louro
- 11 xícaras de água, dividida
- 4 cenouras
- 2 abobrinhas cortadas em pedaços de 2 cm
- 1 abóbora, cortada ao meio, sem sementes e cortada em fatias de 2,5 cm de espessura
- 1 lata (15 onças) de grão de bico, escorrido e enxaguado

- 1/4 xícara de limões em conserva picados (opcional)
- 3 xícaras de cuscuz

Indicações:

Cozinhe o azeite em uma panela de fundo grosso. Adicione a cebola e cozinhe por 4 minutos. Adicione o alho, os jalapenos, o cominho e o coentro. Cozinhe por 1 minuto. Adicione os tomates, a pasta de tomate, o sal, o louro e 8 xícaras de água. Leve a mistura para ferver.

Adicione a cenoura, a abobrinha e a abóbora e deixe ferver. Reduza ligeiramente o fogo, tampe e cozinhe por cerca de 20 minutos até que os vegetais estejam macios, mas não encharcados. Pegue 2 xícaras de líquido de cozimento e reserve. Tempere conforme necessário.

Adicione o grão de bico e os limões em lata (se for usar). Deixe cozinhar por alguns minutos e desligue o fogo.

Em uma panela média, leve as 3 xícaras de água restantes para ferver em fogo alto. Adicione o cuscuz, tampe e desligue o fogo. Deixe o cuscuz descansar por 10 minutos. Tempere com 1 xícara do líquido de cozimento reservado. Com um garfo, solte o cuscuz.

Coloque-o em um prato grande. Umedeça com o restante do líquido do cozimento. Retire os legumes da panela e coloque-os por cima. Sirva o ensopado restante em um recipiente separado.

Nutrição (por 100g):415 calorias 7 g de gordura 75 g de carboidratos 9 g de proteína 718 mg de sódio

Kuchari

Tempo de preparo: 25 minutos

É hora de cozinhar: 1 hora e 20 minutos

Porções: 8

Nível de dificuldade: difícil

Ingredientes:

- Para o molho
- 2 colheres de sopa de azeite
- 2 dentes de alho picados
- 1 lata (16 onças) de molho de tomate
- ¼ xícara de vinagre branco
- ¼ xícara de Harissa, ou comprada em loja
- 1/8 colher de chá de sal
- para o arroz
- 1 xícara de azeite
- 2 cebolas em fatias finas
- 2 xícaras de lentilhas marrons secas
- 4 litros mais ½ xícara de água, divididos
- 2 xícaras de arroz de grão curto
- 1 colher de chá de sal
- 1 libra de macarrão de cotovelo curto
- 1 lata (15 onças) de grão de bico, escorrido e enxaguado

Indicações:

faça o molho

Numa panela, cozinhe o azeite. Frite o alho. Adicione o molho de tomate, o vinagre, a harissa e o sal. Leve o molho para ferver. Reduza o fogo e cozinhe por 20 minutos ou até o molho engrossar. Retire e reserve.

fazer arroz

Prepare o prato com papel absorvente e reserve. Em uma frigideira grande em fogo médio, aqueça o azeite. Frite as cebolas, mexendo sempre, até ficarem crocantes e douradas. Transfira as cebolas para o prato preparado e reserve. Reserve 2 colheres de sopa de óleo de cozinha. Reserve a panela.

Em fogo alto, misture as lentilhas e 4 xícaras de água em uma panela. Deixe ferver e cozinhe por 20 minutos. Coe e tempere com as 2 colheres de sopa de óleo de cozinha reservadas. Deixe de lado. Reserve o prato.

Coloque a frigideira que usou para fritar a cebola em fogo médio-alto e acrescente o arroz, 4 1/2 xícaras de água e sal. Leve para ferver. Reduza o fogo e cozinhe por 20 minutos. Desligue e deixe descansar por 10 minutos. Leve as 8 xícaras restantes de água com sal para ferver em fogo alto na mesma panela que você usou para cozinhar as lentilhas. Adicione o macarrão e cozinhe por 6 minutos ou conforme as instruções da embalagem. Escorra e reserve.

Para montar

Despeje o arroz em um prato de servir. Cubra com lentilhas, grão de bico e macarrão. Regue com molho de tomate picante e polvilhe com cebola frita crocante.

Nutrição (por 100g):668 calorias 13 g de gordura 113 g de carboidratos 18 g de proteína 481 mg de sódio

Bulgur com tomate e grão de bico

Tempo de preparo: 10 minutos

É hora de cozinhar: 35 minutos

Porções: 6

Nível de dificuldade: médio

Ingredientes:

- ½ xícara de azeite
- 1 cebola picada
- 6 tomates em cubos ou 1 lata (16 onças) de tomate em cubos
- 2 colheres de sopa de pasta de tomate
- 2 xícaras de água
- 1 colher de sopa de Harissa, ou comprada em loja
- 1/8 colher de chá de sal
- 2 xícaras de bulgur grosso
- 1 lata (15 onças) de grão de bico, escorrido e enxaguado

Indicações:

Em uma panela de fundo grosso, em fogo médio, aqueça o azeite. Doure a cebola, junte os tomates com o suco e cozinhe por 5 minutos.

Adicione a pasta de tomate, a água, a harissa e o sal. Leve para ferver.

Adicione o bulgur e o grão de bico. Leve a mistura para ferver novamente. Reduza o fogo e cozinhe por 15 minutos. Deixe descansar por 15 minutos antes de servir.

Nutrição (por 100g):413 calorias 19 g de gordura 55 g de carboidratos 14 g de proteína 728 mg de sódio

Macarrão de cavala

Tempo de preparo: 10 minutos

É hora de cozinhar: 15 minutos

Porções: 4

Nível de dificuldade: fácil

Ingredientes:

- 12 onças de macarrão
- 1 dente de alho
- 14 onças de molho de tomate
- 1 raminho de salsa picada
- 2 pimentões frescos
- 1 colher de chá de sal
- 200 g de cavala em óleo
- 3 colheres de sopa de azeite extra virgem

Indicações:

Comece fervendo a água em uma panela. Enquanto a água esquenta, pegue uma panela, acrescente um pouco de azeite e um pouco de alho e cozinhe em fogo baixo. Assim que o alho estiver cozido, retire-o da panela.

Corte a pimenta malagueta, retire as sementes de dentro e corte em tiras finas.

Adicione a água do cozimento e a pimenta malagueta na mesma panela de antes. Em seguida, pegue a cavala e, após escorrer o óleo e separar com um garfo, coloque na panela junto com os demais ingredientes. Doure levemente adicionando um pouco de água do cozimento.

Quando todos os ingredientes estiverem bem incorporados, coloque o purê de tomate na panela. Misture bem para uniformizar todos os ingredientes e cozinhe em fogo baixo por cerca de 3 minutos.

Vamos passar para a massa:

Quando a água começar a ferver, acrescente o sal e o macarrão. Escorra o macarrão quando estiver levemente al dente e adicione ao molho que preparou.

Refogue alguns instantes no molho e depois de provar tempere com sal e pimenta a gosto.

Nutrição (por 100g):510 calorias 15,4 g de gordura 70 g de carboidratos 22,9 g de proteína 730 mg de sódio

Macarrão com tomate cereja e anchovas

Tempo de preparo: 10 minutos

É hora de cozinhar: 15 minutos

Porções: 4

Nível de dificuldade: fácil

Ingredientes:

- 14 onças de macarrão
- 6 anchovas salgadas
- 4 onças de tomate cereja
- 1 dente de alho
- 3 colheres de sopa de azeite extra virgem
- Pimenta fresca a gosto
- 3 folhas de manjericão
- Sal a gosto

Indicações:

Comece aquecendo a água em uma panela e adicione o sal quando ferver. Enquanto isso, prepare o molho: pegue os tomates depois de lavá-los e corte-os em 4 pedaços.

Agora pegue uma frigideira antiaderente, regue com azeite e acrescente um dente de alho. Depois de cozido, retire-o da panela. Coloque as anchovas limpas na frigideira, dissolvendo-as no azeite.

Quando as anchovas estiverem bem derretidas, acrescente os tomates amassados e aumente o fogo, até começarem a amolecer (cuidado para não amolecer muito).

Adicione os pimentões picados e tempere.

Transfira o macarrão para uma panela com água fervente, escorra até ficar al dente e doure por alguns minutos na panela.

Nutrição (por 100g):476 calorias 11 g de gordura 81,4 g de carboidratos 12,9 g de proteína 763 mg de sódio

Risoto de limão e camarão

Tempo de preparo: 10 minutos

É hora de cozinhar: 30 minutos

Porções: 4

Nível de dificuldade: fácil

Ingredientes:

- 1 limão
- 14 onças de camarão descascado
- 1 ¾ xícara de arroz para risoto
- 1 cebola branca
- 33 onças fluidas. 1 litro de caldo de legumes (até menos é bom)
- 2 colheres e meia de manteiga
- ½ copo de vinho branco
- Sal a gosto
- Pimenta preta a gosto
- Cebolinha a gosto

Indicações:

Comece por ferver o camarão em água e sal durante 3 a 4 minutos, escorra e reserve.

Descasque e pique finamente uma cebola, frite com manteiga derretida e, quando a manteiga secar, torre o arroz numa frigideira durante alguns minutos.

Deglaze o arroz com meio copo de vinho branco e acrescente o suco de 1 limão. Mexa e termine de cozinhar o arroz, continuando a adicionar uma colher de sopa de caldo de legumes se necessário.

Misture bem e poucos minutos antes do final do cozimento acrescente o camarão previamente cozido (reserve um pouco para decoração) e um pouco de pimenta preta.

Assim que desligar o fogo, adicione uma noz de manteiga e mexa. O risoto está pronto para servir. Decore com os camarões restantes e polvilhe com cebolinha.

Nutrição (por 100g):510 calorias 10g de gordura 82,4g de carboidratos 20,6g de proteína 875mg de sódio

Espaguete com amêijoas

Tempo de preparo: 10 minutos

É hora de cozinhar: 40 minutos

Porções: 4

Nível de dificuldade: fácil

Ingredientes:

- 11,5 onças de espaguete
- 2 quilos de amêijoas
- 7 onças de molho de tomate ou tomate picado para a versão vermelha deste prato
- 2 dentes de alho
- 4 colheres de sopa de azeite extra virgem
- 1 copo de vinho branco seco
- 1 colher de sopa de salsa picada
- 1 pimenta malagueta

Indicações:

Comece por lavar as amêijoas - nunca "sangre" as amêijoas, só devem ser abertas sob calor, caso contrário o seu precioso líquido interno perder-se-á com a areia. Lave rapidamente as amêijoas com um passador colocado numa saladeira: isto irá filtrar a areia presente nas conchas.

Em seguida, coloque imediatamente as amêijoas escorridas em uma panela tampada e leve ao fogo alto. Vire-os de vez em quando e quando estiverem quase todos abertos retire-os do fogo. As amêijoas que permanecem fechadas estão mortas e devem ser removidas. Retire as cascas das abertas, deixando algumas inteiras para decorar os pratos. Coe o líquido restante do fundo da panela e reserve.

Pegue uma frigideira grande e coloque um pouco de óleo nela. Aqueça uma pimenta inteira e um ou dois dentes de alho esmagados em fogo muito baixo até que os dentes fiquem amarelos. Adicione as amêijoas e tempere com vinho branco seco.

Agora adicione o líquido de amêijoa previamente filtrado e um pouco de salsa picada.

Coe e doure imediatamente o espaguete al dente numa frigideira, depois de cozinhá-lo em bastante água e sal. Misture bem até que o esparguete absorva todo o líquido das amêijoas. Se você não usou pimenta malagueta, finalize com uma pitada leve de pimenta branca ou preta.

Nutrição (por 100g):167 calorias 8 g de gordura 8,63 g de carboidratos 5 g de proteína 720 mg de sódio

Sopa de peixe grega

Tempo de preparo: 10 minutos

É hora de cozinhar: 60 minutos

Porções: 4

Nível de dificuldade: fácil

Ingredientes:

- Pescada ou outro peixe branco
- 4 batatas
- 4 cebolinhas
- 2 cenouras
- 2 talos de aipo
- 2 tomates
- 4 colheres de sopa de azeite extra virgem
- 2 ovos
- 1 limão
- 1 xícara de arroz
- Sal a gosto

Indicações:

Escolha um peixe que não pese mais de 2,2 quilos, retire as escamas, guelras e intestinos e lave bem. Salgue e reserve.

Lave as batatas, as cenouras e as cebolas e coloque-as inteiras numa panela com água suficiente para as molhar e depois deixe ferver.

Junte o aipo, ainda amarrado em cachos para não se dispersar durante o cozimento, corte os tomates em quartos e acrescente-os também, assim como o azeite e o sal.

Quando os legumes estiverem quase cozidos, acrescente mais água e o peixe. Ferva por 20 minutos e depois retire do caldo junto com os legumes.

Disponha o peixe numa travessa, decore com legumes e filtre o caldo. Retorne o caldo ao fogo, diluindo com um pouco de água. Depois de ferver, adicione o arroz e tempere com sal. Assim que o arroz estiver cozido, retire a panela do fogo.

Prepare o molho avgolemono:

Bata bem os ovos e acrescente aos poucos o suco de limão. Coloque um pouco de caldo em uma concha e despeje aos poucos nos ovos, mexendo sempre.

Por fim adicione o molho à sopa e misture bem.

Nutrição (por 100g):263 calorias 17,1 g de gordura 18,6 g de carboidratos 9 g de proteína 823 mg de sódio

Arroz Venere com Camarão

Tempo de preparo: 10 minutos

É hora de cozinhar: 55 minutos

Porções: 3

Nível de dificuldade: fácil

Ingredientes:

- 1 ½ xícara de arroz Venere preto (de preferência carbonizado)
- 5 colheres de chá de azeite extra virgem
- 10,5 onças de camarão
- 10,5 onças de abobrinha
- 1 limão (suco e raspas)
- Sal de cozinha a gosto
- Pimenta preta a gosto
- 1 dente de alho
- Tabasco a gosto

Indicações:

Vamos começar pelo arroz:

Depois de encher uma panela com bastante água e deixar ferver, acrescente o arroz, o sal e cozinhe o tempo que for necessário (ver instruções de cozimento na embalagem).

Enquanto isso, rale a abobrinha com um ralador grosso. Num tacho aqueça o azeite com o dente de alho descascado, junte a abobrinha ralada, tempere com sal e pimenta e cozinhe por 5 minutos, retire o dente de alho e reserve os legumes.

Agora limpe o camarão:

Retire a casca, corte o rabo, divida ao meio no sentido do comprimento e retire o intestino (o fio escuro no dorso). Coloque os camarões limpos em uma tigela e regue com azeite; Dê um pouco mais de sabor adicionando raspas de limão, sal e pimenta e algumas gotas de Tabasco se desejar.

Aqueça o camarão em uma frigideira quente por alguns minutos. Depois de cozido, reserve.

Assim que o arroz reverenciado estiver pronto, coe-o para uma tigela, acrescente a mistura de abobrinha e misture.

Nutrição (por 100g):293 calorias 5 g de gordura 52 g de carboidratos 10 g de proteína 655 mg de sódio

Pennette de Salmão e Vodka

Tempo de preparo: 10 minutos

É hora de cozinhar: 18 minutos

Porções: 4

Nível de dificuldade: fácil

Ingredientes:

- Penne Rigate 14 onças
- 7 onças de salmão defumado
- 1,2 onças de chalotas
- 1,35 onças fluidas. onças (40 ml) de vodka
- 150g de tomate cereja
- 200 g de creme líquido fresco (recomendo creme vegetal para um prato mais leve)
- Cebolinha a gosto
- 3 colheres de sopa de azeite extra virgem
- Sal a gosto
- Pimenta preta a gosto
- Manjericão a gosto (para decorar)

Indicações:

Lave e corte os tomates e a cebolinha. Depois de descascar a chalota, pique-a com uma faca, coloque-a numa frigideira e deixe marinar em azeite virgem extra por alguns instantes.

Enquanto isso, corte o salmão em tiras e misture com o azeite e a cebola.

Misture tudo com a vodka, tomando cuidado porque pode formar uma chama (se a chama subir não se preocupe, ela se apagará assim que o álcool evaporar completamente). Adicione a polpa de tomate e acrescente uma pitada de sal e, se desejar, um pouco de pimenta. Por fim adicione o creme de leite e a cebolinha picada.

Enquanto o molho continua cozinhando, prepare o macarrão. Assim que a água ferver, despeje as Pennettes e deixe cozinhar até ficarem al dente.

Coe o macarrão, despeje a Pennette no molho, deixando cozinhar alguns instantes para que absorva todo o sabor. Se desejar, decore com uma folha de manjericão.

Nutrição (por 100g):620 calorias 21,9 g de gordura 81,7 g de carboidratos 24 g de proteína 326 mg de sódio

Carbonara de frutos do mar

Tempo de preparo: 15 minutos

É hora de cozinhar: 50 minutos

Porções: 3

Nível de dificuldade: fácil

Ingredientes:

- 11,5 onças de espaguete
- 3,5 onças de atum
- 3,5 onças de peixe-espada
- 3,5 onças de salmão
- 6 gemas
- 4 colheres de sopa de parmesão (parmesão)
- 2 fl. onças (60 ml) de vinho branco
- 1 dente de alho
- Azeite extra virgem a gosto
- Sal de cozinha a gosto
- Pimenta preta a gosto

Indicações:

Prepare água fervente em uma panela e adicione um pouco de sal.

Enquanto isso, coloque 6 gemas em uma tigela e acrescente o parmesão ralado, a pimenta e o sal. Bata com um batedor e dilua com um pouco da água do cozimento da panela.

Retire as espinhas ao salmão, as escamas ao espadarte e prossiga cortando o atum, o salmão e o espadarte em cubos.

Depois de ferver, tempere o macarrão e cozinhe até ficar ligeiramente al dente.

Enquanto isso, aqueça um fio de azeite numa frigideira grande, acrescente o dente de alho inteiro descascado. Assim que o óleo estiver quente, adicione os cubos de peixe e frite em fogo alto por cerca de 1 minuto. Retire o alho e acrescente o vinho branco.

Assim que o álcool evaporar, retire os cubos de peixe e abaixe o fogo. Assim que o espaguete estiver pronto, coloque-o na frigideira e frite por cerca de um minuto, mexendo sempre e acrescentando a água do cozimento se necessário.

Despeje a mistura de gemas e os cubos de peixe. Misture bem. Servir.

Nutrição (por 100g):375 calorias 17g de gordura 41,40g de carboidratos 14g de proteína 755mg de sódio

Garganelli com abobrinha e pesto de camarão

Tempo de preparo: 10 minutos

É hora de cozinhar: 30 minutos

Porções: 4

Nível de dificuldade: médio

Ingredientes:

- 300 g de Garganelli com ovo
- Para o pesto de abobrinha:
- 7 onças de abobrinha
- 1 xícara de pinhões
- 8 colheres de sopa (0,35 onças) de manjericão
- 1 colher de chá de sal de cozinha
- 9 colheres de sopa de azeite extra virgem
- 2 colheres de sopa de parmesão ralado
- 1 onça de queijo pecorino para ralar
- Para o camarão salteado:
- 8,8 onças de camarão
- 1 dente de alho
- 7 colheres de chá de azeite extra virgem
- Pitada de sal

Indicações:

Comece preparando o pesto:

Após lavar as abobrinhas, rale-as, coloque-as em uma peneira (para que percam um pouco do excesso de líquido) e salgue levemente. Coloque os pinhões, a abobrinha e as folhas de manjericão no liquidificador. Adicione o parmesão ralado, o pecorino e o azeite extra virgem.

Misture tudo até ficar cremoso, acrescente uma pitada de sal e reserve.

Mude para camarão:

Primeiro, retire o intestino cortando o dorso do camarão em todo o seu comprimento com uma faca e, com a ponta da faca, retire o fio preto de dentro.

Cozinhe o dente de alho numa frigideira antiaderente com azeite virgem extra. Depois de dourar, retire o alho e acrescente o camarão. Frite por cerca de 5 minutos em fogo médio, até ver uma crosta crocante por fora.

Em seguida, ferva uma panela com água e sal e cozinhe o garganelli. Reserve algumas colheres de sopa da água do cozimento e escorra o macarrão até ficar al dente.

Coloque o Garganelli na frigideira onde cozinhou o camarão. Cozinhe tudo por um minuto, adicione uma colher de sopa de água do cozimento e por último adicione o pesto de abobrinha.

Misture tudo bem para combinar o macarrão com o molho.

Nutrição (por 100g):776 calorias 46 g de gordura 68 g de carboidratos 22,5 g de proteína 835 mg de sódio

Arroz de salmão

Tempo de preparo: 10 minutos

É hora de cozinhar: 30 minutos

Porções: 4

Nível de dificuldade: médio

Ingredientes:

- 1 xícara (12,3 onças) de arroz
- 8,8 onças de filés de salmão
- 1 alho-poró
- Azeite extra virgem a gosto
- 1 dente de alho
- ½ copo de vinho branco
- 3 ½ colheres de sopa de Grana Padano ralado
- Sal a gosto
- Pimenta preta a gosto
- 17 onças fluidas. onças (500 ml) de caldo de peixe
- 1 xícara de manteiga

Indicações:

Comece por limpar o salmão e corte-o em pedaços pequenos. Numa frigideira cozinhe 1 colher de sopa de azeite com um dente de alho inteiro e doure o salmão por 2/3 minutos, acrescente sal e reserve o salmão, retirando o alho.

Agora comece a preparar o risoto:

Corte o alho-poró em pedaços bem pequenos e doure-o numa frigideira com duas colheres de azeite. Adicione o arroz e cozinhe por alguns segundos em fogo médio-alto, mexendo com uma colher de pau.

Acrescentamos o vinho branco e continuamos cozinhando, mexendo de vez em quando, cuidando para que o arroz não grude na panela, e aos poucos vamos acrescentando o caldo (vegetais ou peixe).

A meio da cozedura, adicione o salmão, a manteiga e uma pitada de sal se necessário. Quando o arroz estiver cozido, retire do fogo. Misture com algumas colheres de Grana Padano ralado e sirva.

Nutrição (por 100g):521 calorias 13 g de gordura 82 g de carboidratos 19 g de proteína 839 mg de sódio

Macarrão com tomate cereja e anchovas

Tempo de preparo: 15 minutos

É hora de cozinhar: 35 minutos

Porções: 4

Nível de dificuldade: fácil

Ingredientes:

- 10,5 onças de espaguete
- 1,3 libras de tomate cereja
- 9 onças de anchovas (pré-limpas)
- 2 colheres de sopa de alcaparras
- 1 dente de alho
- 1 cebola roxa pequena
- salsa a gosto
- Azeite extra virgem a gosto
- Sal de cozinha a gosto
- Pimenta preta a gosto
- Azeitonas pretas a gosto

Indicações:

Corte o dente de alho em rodelas finas.

Corte os tomates cereja ao meio. Descasque a cebola e corte-a finamente.

Numa frigideira colocamos um pouco de azeite com o alho e a cebola picada. Aqueça tudo em fogo médio por 5 minutos; mexa ocasionalmente.

Quando tudo estiver bem aromatizado, acrescente os tomates cereja e uma pitada de sal e pimenta. Cozinhe por 15 minutos. Enquanto isso, leve ao fogo uma panela com água e, assim que ferver, acrescente o sal e o macarrão.

Quando o molho estiver quase pronto, acrescente as anchovas e cozinhe por alguns minutos. Misture delicadamente.

Desligue o fogo, pique a salsinha e coloque na panela.

Depois de cozido, escorra o macarrão e adicione-o diretamente ao molho. Ligue o fogo novamente por alguns segundos.

Nutrição (por 100g):446 calorias 10g de gordura 66,1g de carboidratos 22,8g de proteína 934mg de sódio

Orecchiette Brócolis e Salsicha

Tempo de preparo: 10 minutos

É hora de cozinhar: 32 minutos

Porções: 4

Nível de dificuldade: médio

Ingredientes:

- 11,5 onças de orecchiette
- 10,5 brócolis
- 10,5 onças de salsicha
- 1,35 onças fluidas. onças (40 ml) de vinho branco
- 1 dente de alho
- 2 raminhos de tomilho
- 7 colheres de chá de azeite extra virgem
- Pimenta preta a gosto
- Sal de cozinha a gosto

Indicações:

Leve a panela para ferver com toda a água e sal. Retire os floretes de brócolis do caule e corte-os ao meio ou em 4 pedaços se forem muito grandes; em seguida, coloque-os em água fervente, tampe a panela e cozinhe por 6 a 7 minutos.

Enquanto isso, pique finamente o tomilho e reserve. Retire a tripa da salsicha e amasse delicadamente com um garfo.

Doure o dente de alho com um pouco de azeite e acrescente a linguiça. Após alguns segundos, adicione o tomilho e um pouco de vinho branco.

Sem descartar a água do cozimento, retire o brócolis cozido com uma escumadeira e adicione aos poucos à carne. Cozinhe tudo por 3-4 minutos. Retire o alho e adicione uma pitada de pimenta preta.

Deixe ferver a água que você cozinhou o brócolis, depois acrescente o macarrão e deixe cozinhar. Depois que o macarrão estiver cozido, escorra-o com uma escumadeira e transfira-o diretamente para o molho de brócolis e salsicha. Em seguida, misture bem, acrescente pimenta-do-reino e doure tudo em uma panela por alguns minutos.

Nutrição (por 100g):683 calorias 36 g de gordura 69,6 g de carboidratos 20 g de proteína 733 mg de sódio

Risoto com radicchio e bacon defumado

Tempo de preparo: 10 minutos

É hora de cozinhar: 30 minutos

Porções: 3

Nível de dificuldade: médio

Ingredientes:

- 1 ½ xícara de arroz
- 14 onças de chicória
- 5,3 onças de bacon defumado
- 34 onças fluidas. onças (1 l) de caldo de legumes
- 3,4 onças fluidas. onças (100 ml) de vinho tinto
- 7 colheres de chá de azeite extra virgem
- 1,7 onças de chalotas
- Sal de cozinha a gosto
- Pimenta preta a gosto
- 3 raminhos de tomilho

Indicações:

Vamos começar preparando o caldo de legumes.

Comece pelo radicchio: corte-o ao meio e retire a parte central (a parte branca). Corte em tiras, enxágue bem e reserve. Corte também o bacon defumado em tiras.

Pique a cebola finamente e coloque numa frigideira com um pouco de azeite. Cozinhe em fogo médio, acrescentando uma concha de caldo, depois acrescente a pancetta e doure.

Após cerca de 2 minutos, adicione o arroz e as torradas, mexendo sempre. Neste ponto, coloque o vinho tinto em fogo alto.

Depois que todo o álcool tiver evaporado, continue cozinhando, adicionando uma concha de caldo de cada vez. Deixe o anterior secar antes de adicionar outro, até que esteja completamente cozido. Adicione sal e pimenta preta (dependendo de quanto você decidir adicionar).

Depois de cozido, adicione as tiras de radicchio. Misture bem até combinar com o arroz, mas não cozinhe. Adicione o tomilho picado.

Nutrição (por 100g):482 calorias 17,5 g de gordura 68,1 g de carboidratos 13 g de proteína 725 mg de sódio

Massa genovesa

Tempo de preparo: 10 minutos

É hora de cozinhar: 25 minutos

Porções: 3

Nível de dificuldade: médio

Ingredientes:

- 11,5 onças de Ziti
- 1 quilo de carne bovina
- 2,2 libras de cebola dourada
- 2 onças de aipo
- 2 onças de cenoura
- 1 raminho de salsa
- 3,4 onças fluidas. onças (100 ml) de vinho branco
- Azeite extra virgem a gosto
- Sal de cozinha a gosto
- Pimenta preta a gosto
- parmesão a gosto

Indicações:

Para preparar a massa, comece por:

Descasque e pique finamente as cebolas e as cenouras. A seguir, lave e pique finamente o aipo (não jogue fora as folhas, elas também devem ser picadas e reservadas). Em seguida, passe para a carne, limpe o excesso de gordura e corte em 5/6 pedaços

grandes. Por fim, amarre as folhas de aipo e o raminho de salsa
com barbante de cozinha para criar um buquê perfumado.

Encha uma frigideira grande com azeite. Adicione a cebola, o aipo
e a cenoura (que você reservou anteriormente) e cozinhe por
alguns minutos.

Em seguida, adicione os pedaços de carne, uma pitada de sal e o
bouquet perfumado. Mexa e cozinhe por alguns minutos. Em
seguida, abaixe o fogo e cubra com uma tampa.

Cozinhe por pelo menos 3 horas (não adicione água nem caldo,
pois a cebola vai liberar todo o líquido necessário para evitar que o
fundo da panela resseque). De vez em quando, verifique tudo e
misture.

Após 3 horas de cozedura, retire o bouquet de ervas aromáticas,
aumente um pouco o lume, junte um pouco do vinho e misture.

Cozinhe a carne descoberta por cerca de uma hora, mexendo
sempre e acrescentando o vinho quando o fundo da panela estiver
seco.

Neste ponto, pegue um pedaço de carne, corte-o em rodelas sobre
uma tábua e reserve. Pique o ziti e cozinhe-o em água fervente
com sal.

Depois de cozido, escorra e coloque de volta na panela. Regue com
algumas colheres de sopa de água do cozimento e misture.
Coloque num prato e acrescente um pouco de molho e a carne

picada (a reservada no passo 7). Adicione pimenta e parmesão ralado a gosto.

Nutrição (por 100g):450 calorias 8 g de gordura 80 g de carboidratos 14,5 g de proteína 816 mg de sódio

Macarrão de Couve-Flor Napolitana

Tempo de preparo: 15 minutos

É hora de cozinhar: 35 minutos

Porções: 3

Nível de dificuldade: médio

Ingredientes:

- 10,5 onças de macarrão
- 1 couve-flor
- 3,4 onças fluidas. 100 ml de molho de tomate
- 1 dente de alho
- 1 pimenta malagueta
- 3 colheres de sopa de azeite extra virgem (ou colheres de chá)
- Sal a gosto
- Pimenta conforme necessário

Indicações:

Limpe bem a couve-flor: retire as folhas externas e o caule. Corte em pequenas flores.

Descasque o dente de alho, pique-o e doure-o numa frigideira com o azeite e a pimenta malagueta.

Adicione o purê de tomate e os floretes de couve-flor e deixe dourar alguns minutos em fogo médio, depois cubra com algumas conchas de água e cozinhe por 15-20 minutos ou pelo menos até que a couve-flor comece a ficar cremosa.

Se achar que o fundo da panela está muito seco, adicione a quantidade de água necessária para manter a mistura líquida.

Neste ponto cobrimos a couve-flor com água quente e, uma vez fervida, acrescentamos o macarrão.

Tempere com sal e pimenta.

Nutrição (por 100g):458 calorias 18 g de gordura 65 g de carboidratos 9 g de proteína 746 mg de sódio

Macarrão e feijão, laranja e erva-doce

Tempo de preparo: 10 minutos

É hora de cozinhar: 30 minutos

Porções: 5

Nível de dificuldade: dificuldade

Ingredientes:

- Azeite virgem extra - 1 colher de sopa. mais extra para serviço
- Bacon - 2 onças, finamente picado
- Cebola - 1, picadinha
- Funcho – 1 bulbo, caules descartados, bulbo cortado ao meio, sem sementes e picado finamente
- Aipo – 1 talo picado
- Alho – 2 dentes picados
- Filetes de anchova - 3, enxaguados e picados
- Orégano fresco picado - 1 colher de sopa.
- Raspas de laranja raladas - 2 colheres de chá.
- Sementes de erva-doce – ½ colher de chá.
- Flocos de pimenta vermelha – ¼ colher de chá.
- Tomates em cubos - 1 lata (28 onças)
- Parmesão – 1 raspa e mais para servir
- Feijão Cannellini – 1 lata (7 onças), enxaguado
- Caldo de galinha - 2 ½ xícaras
- Água – 2 ½ xícaras
- Sal e pimenta

- Cevada - 1 xícara

- Salsa fresca picada – ¼ xícara

Indicações:

Aqueça o azeite em uma caçarola em fogo médio. Adicione o bacon. Refogue por 3 a 5 minutos ou até começar a dourar. Junte o aipo, a erva-doce e a cebola e refogue até ficar macio (cerca de 5 a 7 minutos).

Misture os flocos de pimenta, as sementes de erva-doce, as raspas de laranja, o orégano, as anchovas e o alho. Cozinhe por 1 minuto. Misture os tomates e o suco. Misture a casca do parmesão e o feijão.

Deixe ferver e cozinhe por 10 minutos. Misture água, caldo e 1 colher de sopa. sal. Deixe ferver em fogo alto. Misture o macarrão e cozinhe até ficar al dente.

Retire do fogo e descarte o parmesão ralado.

Adicione a salsa e tempere com sal e pimenta a gosto. Regue com um pouco de azeite e polvilhe com parmesão ralado. Servir.

Nutrição (por 100g):502 calorias 8,8 g de gordura 72,2 g de carboidratos 34,9 g de proteína 693 mg de sódio

Espaguete Limão

Tempo de preparo: 10 minutos

É hora de cozinhar: 15 minutos

Porções: 6

Nível de dificuldade: fácil

Ingredientes:

- Azeite virgem extra – ½ xícara
- Raspas de limão raladas - 2 colheres de sopa.
- Suco de limão – 1/3 xícara
- Alho – 1 dente picado para o patê
- Sal e pimenta
- Parmesão – 2 onças, ralado
- espaguete - 1 libra
- Manjericão fresco picado - 6 colheres de sopa.

Indicações:

Em uma tigela, misture o alho, o azeite, as raspas de limão, o suco e ½ colher de chá. sal e ¼ colher de chá. Pimenta. Adicione o parmesão e misture até ficar cremoso.

Enquanto isso, cozinhe o macarrão conforme as instruções da embalagem. Escorra e reserve ½ xícara de água do cozimento. Adicione a mistura de óleo e manjericão ao macarrão e misture. Tempere bem e adicione água do cozimento se necessário. Servir.

Nutrição (por 100g):398 calorias 20,7 g de gordura 42,5 g de carboidratos 11,9 g de proteína 844 mg de sódio

Cuscuz com legumes picantes

Tempo de preparo: 10 minutos

É hora de cozinhar: 20 minutos

Porções: 6

Nível de dificuldade: difícil

Ingredientes:

- Couve-flor – 1 cabeça, cortada em florzinhas de 1 polegada
- Azeite virgem extra - 6 colheres de sopa. mais extra para serviço
- Sal e pimenta
- Cuscuz – 1 ½ xícara
- Abobrinha - 1, cortada em pedaços de ½ polegada
- Pimenta vermelha - 1, descascada, sem sementes e cortada em pedaços de ½ polegada
- Alho – 4 dentes picados
- Ras el Hanout - 2 colheres de sopa.
- Raspas de limão raladas -1 colher de sopa. mais rodelas de limão para servir
- Caldo de galinha - 1 ¾ xícara
- Manjerona fresca picada - 1 colher de sopa.

Indicações:

Em uma panela, aqueça 2 colheres de sopa. óleo em fogo médio. Adicione a couve-flor, ¾ colher de chá. sal e ½ colher de chá. Pimenta. Misturar. Cozinhe até que as flores fiquem douradas e as bordas fiquem translúcidas.

Retire a tampa e cozinhe, mexendo, por 10 minutos ou até que as florzinhas fiquem douradas. Transfira para uma tigela e limpe a panela. Aqueça 2 colheres de sopa. óleo na panela.

Adicione o cuscuz. Cozinhe e continue mexendo por 3 a 5 minutos ou até os grãos começarem a dourar. Transfira para uma tigela e limpe a panela. Aqueça as 3 colheres de sopa restantes. óleo na panela e adicione a pimenta, a abobrinha e ½ colher de chá. sal. Cozinhe por 8 minutos.

Misture as raspas de limão, o ras el hanout e o alho. Cozinhe até ficar perfumado (cerca de 30 segundos). Adicione o caldo e cozinhe em fogo baixo. Adicione o cuscuz. Retire do fogo e reserve até ficar macio.

Adicione manjerona e couve-flor; em seguida, sopre suavemente com um garfo para incorporar. Regue com mais azeite e tempere bem. Sirva com rodelas de limão.

Nutrição (por 100g):787 calorias 18,3 g de gordura 129,6 g de carboidratos 24,5 g de proteína 699 mg de sódio

Arroz Assado com Funcho Picante

Tempo de preparo: 10 minutos

É hora de cozinhar: 45 minutos

Porções: 8

Nível de dificuldade: médio

Ingredientes:

- Batata doce – 1 ½ libra, descascada e cortada em pedaços de 2,5 cm
- Azeite virgem extra – ¼ xícara
- Sal e pimenta
- Funcho – 1 bulbo picado
- Cebola pequena - 1, picadinha
- Arroz branco de grão longo – 1 ½ xícara, enxaguado
- Alho – 4 dentes picados
- Ras el Hanout - 2 colheres de sopa.
- Caldo de galinha - 2 xícaras
- Azeitonas verdes grandes sem caroço em salmoura - ¾ xícara, cortadas ao meio
- Coentro fresco picado - 2 colheres de sopa.
- Fatias de limão

Indicações:

Coloque a grelha do forno no centro e pré-aqueça o forno a 400F. Tempere as batatas com ½ colher de chá. sal e 2 colheres de sopa. óleo.

Coloque as batatas em uma única camada em uma assadeira com borda e asse por 25 a 30 minutos ou até ficarem macias. Adicione as batatas a meio da cozedura.

Retire as batatas e abaixe a temperatura do forno para 350F. Em uma caçarola, aqueça as 2 colheres de sopa restantes. óleo em fogo médio.

Adicione a cebola e a erva-doce; em seguida, cozinhe por 5 a 7 minutos ou até ficar macio. Adicione o ras el hanout, o alho e o arroz. Refogue por 3 minutos.

Adicione as azeitonas e o caldo e deixe descansar por 10 minutos. Adicione as batatas ao arroz e amasse delicadamente com um garfo para incorporar. Tempere com sal e pimenta a gosto. Decore com coentro e sirva com rodelas de limão.

Nutrição (por 100g):207 calorias 8,9 g de gordura 29,4 g de carboidratos 3,9 g de proteína 711 mg de sódio

Cuscuz marroquino com grão de bico

Tempo de preparo: 5 minutos

É hora de cozinhar: 18 minutos

Porções: 6

Nível de dificuldade: médio

Ingredientes:

- Azeite virgem extra – ¼ xícara, adicional por porção
- Cuscuz – 1 ½ xícara
- Cenouras finas, descascadas e picadas - 2
- Cebola picada - 1
- Sal e pimenta
- Alho – 3 dentes picados
- coentro moído - 1 colher de sopa.
- Gengibre em pó - colher de chá.
- Sementes de anis moídas - ¼ colher de chá.
- Caldo de galinha - 1 ¾ xícara
- Grão de bico – 1 lata (15 onças), enxaguado
- Ervilhas congeladas - 1 ½ xícara
- Salsa ou coentro fresco picado - ½ xícara
- Fatias de limão

Indicações:

Aqueça 2 colheres de sopa. óleo em uma frigideira em fogo médio.
Adicione o cuscuz e cozinhe por 3 a 5 minutos ou até começar a
dourar. Transfira para uma tigela e limpe a panela.

Aqueça as 2 colheres de sopa restantes. óleo na panela e adicione a cebola, a cenoura e 1 colher de sopa. sal. Cozinhe por 5 a 7 minutos. Misture o anis, o gengibre, os coentros e o alho. Cozinhe até ficar perfumado (cerca de 30 segundos).

Adicione o grão de bico e o caldo e deixe ferver. Adicione o cuscuz e as ervilhas. Cubra e retire do fogo. Reserve até o cuscuz ficar macio.

Adicione a salsa ao cuscuz e mexa com um garfo para misturar. Polvilhe com mais óleo e tempere bem. Sirva com rodelas de limão.

Nutrição (por 100g):649 calorias 14,2 g de gordura 102,8 g de carboidratos 30,1 g de proteína 812 mg de sódio

Paella vegetariana com feijão verde e grão de bico

Tempo de preparo: 10 minutos

É hora de cozinhar: 35 minutos

Porções: 4

Nível de dificuldade: fácil

Ingredientes:

- Uma pitada de açafrão
- Caldo de legumes - 3 xícaras
- Azeite - 1 colher de sopa.
- cebola amarela - 1 cubo grande
- Alho – 4 dentes fatiados
- Pimenta vermelha - 1, cortada em cubos
- Tomates esmagados – ¾ xícara, frescos ou enlatados
- Purê de tomate - 2 colheres de sopa.
- Páprica picante - 1 ½ colher de chá.
- Sal - 1 colher de chá.
- Pimenta preta moída na hora - ½ colher de chá.
- Feijão verde – 1 1/2 xícaras, descascado e cortado ao meio
- Grão de bico – 1 lata (15 onças), escorrido e enxaguado
- Arroz branco de grão curto - 1 xícara
- Limão - 1, cortado em quartos

Indicações:

Misture os fios de açafrão com 3 colheres de sopa. água morna em uma tigela pequena. Em uma panela, leve a água para ferver em fogo médio. Reduza o fogo e deixe ferver.

Cozinhe o azeite em uma frigideira em fogo médio. Adicione a cebola e refogue por 5 minutos. Adicione a pimenta e o alho e refogue por 7 minutos ou até a pimenta amolecer. Adicione a mistura de água e açafrão, sal, pimenta, colorau, extrato de tomate e tomate.

Adicione o arroz, o grão de bico e o feijão verde. Adicione o caldo quente e deixe ferver. Reduza o fogo e cozinhe descoberto por 20 minutos.

Sirva quente, decorado com rodelas de limão.

Nutrição (por 100g):709 calorias 12 g de gordura 121 g de carboidratos 33 g de proteína 633 mg de sódio

Camarão com alho, tomate e manjericão

Tempo de preparo: 10 minutos

É hora de cozinhar: 10 minutos

Porções: 4

Nível de dificuldade: fácil

Ingredientes:

- Azeite - 2 colheres de sopa.
- Camarão – 1¼ libra, descascado e limpo
- Alho – 3 dentes picados
- Flocos de pimenta vermelha esmagados – 1/8 colher de chá.
- Vinho branco seco - ¾ xícara
- Tomates uva - 1 ½ xícara
- Manjericão fresco picado – ¼ xícara e mais para enfeitar
- Sal - ¾ colher de chá.
- Pimenta preta moída - ½ colher de chá.

Indicações:

Em uma frigideira, aqueça o azeite em fogo médio-alto. Adicione o camarão e cozinhe por 1 minuto ou até ficar cozido. Transfira para um prato.

Coloque os flocos de pimenta vermelha e o alho no azeite na panela e cozinhe, mexendo, por 30 segundos. Adicione o vinho e cozinhe até reduzir pela metade.

Adicione os tomates e refogue até começarem a desmanchar (cerca de 3 a 4 minutos). Adicione o camarão reservado, sal, pimenta e manjericão. Cozinhe por mais 1 a 2 minutos.

Sirva decorado com o manjericão restante.

Nutrição (por 100g):282 calorias 10 g de gordura 7 g de carboidratos 33 g de proteína 593 mg de sódio

paella de camarão

Tempo de preparo: 10 minutos

É hora de cozinhar: 25 minutos

Porções: 4

Nível de dificuldade: médio

Ingredientes:

- Azeite - 2 colheres de sopa.
- Cebola média - 1, cortada em cubos
- Pimenta vermelha - 1, cortada em cubos
- Alho – 3 dentes picados
- Uma pitada de açafrão
- Páprica picante - ¼ colher de chá.
- Sal - 1 colher de chá.
- Pimenta preta moída na hora - ½ colher de chá.
- Caldo de galinha – 3 xícaras, divididas
- Arroz branco de grão curto - 1 xícara
- Camarão grande descascado e descascado - 1 lb.
- Ervilhas congeladas – 1 xícara, descongeladas

Indicações:

Aqueça o azeite numa panela. Adicione a cebola e a pimenta e refogue por 6 minutos ou até ficar macio. Adicione o sal, a pimenta, a páprica, o açafrão e o alho e misture. Adicione 2 ½ xícaras de caldo e arroz.

Deixe a mistura ferver e cozinhe até que o arroz esteja cozido, cerca de 12 minutos. Coloque o camarão e as ervilhas por cima do arroz e acrescente a ½ xícara de caldo restante.

Tampe novamente a panela e cozinhe até que todos os camarões estejam cozidos (cerca de 5 minutos). Servir.

Nutrição (por 100g):409 calorias 10g de gordura 51g de carboidratos 25g de proteína 693mg de sódio

Salada de lentilha com azeitonas, hortelã e queijo feta

Tempo de preparo: 60 minutos

É hora de cozinhar: 60 minutos

Porções: 6

Nível de dificuldade: médio

Ingredientes:

- Sal e pimenta
- Lentilhas francesas – 1 xícara, colhidas e enxaguadas
- Alho – 5 dentes levemente esmagados e descascados
- folha de louro - 1
- Azeite virgem extra - 5 colheres de sopa.
- Vinagre de vinho branco - 3 colheres de sopa.
- Azeitonas Kalamata sem caroço - ½ xícara picada
- Hortelã fresca picada – ½ xícara
- Chalota – 1 grande, picada
- Queijo feta - 1 onça, esfarelado

Indicações:

Adicione 4 xícaras de água quente e 1 colher de chá. sal em uma tigela. Adicione as lentilhas e deixe de molho em temperatura ambiente por 1 hora. Seque bem.

Coloque a gradinha no centro e aqueça o forno a 325F. Adicione as lentilhas, 4 xícaras de água, alho, louro e ½ colher de chá. sal em uma panela. Tampe e leve a panela ao forno e cozinhe por 40 a 60 minutos ou até as lentilhas ficarem macias.

Escorra bem as lentilhas, retirando o alho e o louro. Em uma tigela grande, peneire o azeite e o vinagre. Adicione a chalota, a hortelã, as azeitonas e as lentilhas e misture.

Tempere com sal e pimenta a gosto. Coloque numa travessa e decore com queijo feta. Servir.

Nutrição (por 100g):249 calorias 14,3 g de gordura 22,1 g de carboidratos 9,5 g de proteína 885 mg de sódio

Grão de bico com alho e salsa

Tempo de preparo: 5 minutos

É hora de cozinhar: 20 minutos

Porções: 6

Nível de dificuldade: médio

Ingredientes:

- Azeite virgem extra – ¼ xícara
- Alho – 4 dentes cortados em rodelas finas
- Flocos de pimenta vermelha – 1/8 colher de chá.
- Cebola – 1, picada
- Sal e pimenta
- Grão de bico – 2 latas (15 onças), enxaguadas
- Caldo de galinha - 1 xícara
- Salsa fresca picada - 2 colheres de sopa.
- Suco de limão - 2 colheres de chá.

Indicações:

Em uma panela, adicione 3 colheres de sopa. unte e cozinhe os flocos de alho e pimenta por 3 minutos. Junte a cebola e ¼ colher de chá. adicione sal e cozinhe por 5 a 7 minutos.

Misture o grão de bico e o caldo e deixe ferver. Reduza o fogo e cozinhe por 7 minutos, coberto.

Descubra e aumente o fogo e cozinhe por 3 minutos ou até que todo o líquido tenha evaporado. Reserve e junte o suco de limão e a salsa.

Tempere com sal e pimenta a gosto. Tempere com 1 colher de sopa. unte e sirva.

Nutrição (por 100g):611 Calorias 17,6 g Gordura 89,5 g Carboidratos 28,7 g Proteína 789 mg Sódio

Compota de grão de bico com berinjela e tomate

Tempo de preparo: 10 minutos

É hora de cozinhar: 60 minutos

Porções: 6

Nível de dificuldade: fácil

Ingredientes:

- Azeite virgem extra – ¼ xícara
- Cebolas - 2, picadas
- Pimentão verde - 1, picado finamente
- Sal e pimenta
- Alho – 3 dentes picados
- Orégano fresco picado - 1 colher de sopa.
- folhas de louro - 2
- Berinjela – 1 libra, cortada em pedaços de 1 polegada
- Tomates inteiros pelados – 1 lata, escorridos com o suco reservado, picados
- Grão de bico – 2 latas (15 onças), escorridas com 1 xícara do líquido reservado

Indicações:

Coloque a grelha do forno na parte inferior central e aqueça o forno a 400F. Aqueça o azeite em forno holandês. Adicione a pimenta, a cebola, ½ colher de chá. sal e ¼ colher de chá. Pimenta. Refogue por 5 minutos.

Junte 1 colher de sopa. orégano, alho e louro e cozinhe por 30 segundos. Misture o tomate, a berinjela, o suco reservado, o grão de bico e o líquido cristalizado e leve para ferver. Transfira a assadeira para o forno e leve ao forno descoberto por 45 a 60 minutos. Misture duas vezes.

Remova as folhas de louro. Junte as 2 colheres de chá restantes. orégano e tempere com sal e pimenta. Servir.

Nutrição (por 100g):642 calorias 17,3 g de gordura 93,8 g de carboidratos 29,3 g de proteína 983 mg de sódio

Arroz Grego com Limão

Tempo de preparo: 20 minutos

É hora de cozinhar: 45 minutos

Porções: 6

Nível de dificuldade: médio

Ingredientes:

- Arroz de grão longo – 2 xícaras, cru (embebido em água fria por 20 minutos e depois escorrido)
- Azeite virgem extra - 3 colheres de sopa.
- Cebola Amarela – 1 média picada
- Alho – 1 dente picado
- Pasta de cevada – ½ xícara
- Suco de 2 limões, mais raspas de 1 limão
- Caldo com baixo teor de sódio - 2 xícaras
- Pitada de sal
- Salsa picada - 1 punhado grande
- Endro - 1 colher de sopa.

Indicações:

Em uma panela, aqueça 3 colheres de sopa. Azeite virgem extra. Adicione a cebola e refogue por 3-4 minutos. Adicione a pasta de cevada e o alho e misture.

Em seguida, adicione o arroz para cobrir. Adicione o caldo e o suco de limão. Deixe ferver e reduza o fogo. Cubra e cozinhe por cerca de 20 minutos.

Saia do fogo. Cubra e deixe descansar por 10 minutos. Descubra e acrescente as raspas de limão, o endro e a salsa. Servir.

Nutrição (por 100g):145 calorias 6,9 g de gordura 18,3 g de carboidratos 3,3 g de proteína 893 mg de sódio

Arroz com ervas aromáticas

Tempo de preparo: 10 minutos

É hora de cozinhar: 30 minutos

Porções: 4

Nível de dificuldade: fácil

Ingredientes:

- Azeite virgem extra - ½ xícara, dividido
- Dentes de alho grandes – 5, picados
- Arroz Integral com Jasmim - 2 xícaras
- Água – 4 xícaras
- Sal marinho - 1 colher de chá.
- Pimenta preta - 1 colher de sopa.
- Cebolinha fresca picada - 3 colheres de sopa.
- Salsa fresca picada - 2 colheres de sopa.
- Manjericão fresco picado - 1 colher de sopa.

Indicações:

Em uma panela, adicione ¼ xícara de azeite, alho e arroz. Mexa e aqueça em fogo médio. Misture água, sal marinho e pimenta preta. Em seguida, misture novamente.

Deixe ferver e reduza o fogo. Cozinhe em fogo baixo, destampado, mexendo de vez em quando.

Quando a água estiver quase absorvida, adicione o 1/4 xícara de azeite restante, junto com o manjericão, a salsa e a cebolinha.

Mexa até que as ervas estejam incorporadas e toda a água seja absorvida.

Nutrição (por 100g):304 calorias 25,8 g de gordura 19,3 g de carboidratos 2 g de proteína 874 mg de sódio

Salada de arroz mediterrâneo

Tempo de preparo: 10 minutos

É hora de cozinhar: 25 minutos

Porções: 4

Nível de dificuldade: médio

Ingredientes:

- Azeite virgem extra - ½ xícara, dividido
- Arroz integral de grão longo - 1 xícara
- Água - 2 xícaras
- Suco de limão fresco – ¼ xícara
- Dente de alho - 1 picado
- alecrim fresco picado - 1 colher de sopa.
- Hortelã fresca picada - 1 colher de sopa.
- Endívia belga - 3, picada
- Pimenta vermelha - 1 média picada
- Pepino de estufa - 1 picado
- Cebola verde inteira picada – ½ xícara
- Azeitonas Kalamata picadas - ½ xícara
- Flocos de pimenta vermelha – ¼ colher de chá.
- Queijo feta esfarelado - ¾ xícara
- sal marinho e pimenta preta

Indicações:

Aqueça ¼ xícara de azeite, o arroz e uma pitada de sal em uma panela em fogo baixo. Mexa para cobrir o arroz. Adicione água e cozinhe até que a água seja absorvida. Mexendo de vez em quando. Despeje o arroz em uma tigela grande e deixe esfriar.

Em outra tigela, misture o ¼ xícara restante de azeite, pimenta vermelha em flocos, azeitonas, cebolinha, pepino, pimentão, escarola, hortelã, alecrim, alho e suco de limão.

Adicione o arroz à mistura e misture. Incorpore delicadamente o queijo feta.

Teste e ajuste o tempero. Servir.

Nutrição (por 100g):415 calorias 34 g de gordura 28,3 g de carboidratos 7 g de proteína 4.755 mg de sódio

Salada fresca de feijão e atum

Tempo de preparo: 5 minutos

É hora de cozinhar: 20 minutos

Porções: 6

Nível de dificuldade: fácil

Ingredientes:

- Feijão fresco sem casca (sem casca) - 2 xícaras
- folhas de louro - 2
- Azeite virgem extra - 3 colheres de sopa.
- Vinagre de vinho tinto - 1 colher de sopa.
- sal e pimenta preta
- Atum da melhor qualidade - 1 lata (6 onças), embalado em azeite
- Alcaparras salgadas - 1 colher de sopa. encharcado e seco
- Salsa de folhas planas picada - 2 colheres de sopa.
- Cebola roxa - 1, fatiada

Indicações:

Ferva água levemente salgada em uma panela. Adicione o feijão e as folhas de louro; Em seguida, cozinhe por 15 a 20 minutos ou até que o feijão esteja macio, mas ainda firme. Escorra, retire os aromáticos e transfira para uma tigela.

Tempere imediatamente o feijão com vinagre e azeite. Adicione sal e pimenta preta. Misture bem e ajuste o tempero. Escorra o atum e misture a polpa do atum com a salada de feijão. Adicione a salsa e as alcaparras. Mexa bem e polvilhe sobre as rodelas de cebola roxa. Servir.

Nutrição (por 100g):85 calorias 7,1 g de gordura 4,7 g de carboidratos 1,8 g de proteína 863 mg de sódio

Deliciosa massa de frango

Tempo de preparo: 10 minutos

É hora de cozinhar: 17 minutos

Porções: 4

Nível de dificuldade: fácil

Ingredientes:

- 3 peitos de frango, sem pele e desossados, cortados em pedaços
- 300 g de macarrão integral
- 1/2 xícara de azeitonas fatiadas
- 1/2 xícara de tomate seco
- 1 colher de sopa de pimentão vermelho assado, picado
- Lata de tomate de 14 onças, cortada em cubos
- 2 xícaras de molho marinara
- 1 xícara de caldo de galinha
- Pimenta
- sal

Indicações:

Adicione todos os ingredientes, exceto macarrão de trigo integral, ao Instant Pot.

Feche a tampa e cozinhe em fogo alto por 12 minutos.

Feito isso, deixe a pressão diminuir naturalmente. Remova a capa.

Adicione o macarrão e misture bem. Feche o frasco, selecione manual e ajuste o cronômetro para 5 minutos.

Quando terminar, libere a pressão por 5 minutos e depois libere o restante com a liberação rápida. Remova a capa. Misture bem e sirva.

Nutrição (por 100g):615 calorias 15,4 g de gordura 71 g de carboidratos 48 g de proteína 631 mg de sódio

Tacos mediterrâneos

Tempo de preparo: 10 minutos

É hora de cozinhar: 14 minutos

Porções: 8

Nível de dificuldade: médio

Ingredientes:

- 1 quilo de carne moída
- 8 onças de queijo cheddar ralado
- 14 onças de feijão vermelho
- 2 onças de tempero para taco
- 16 onças de molho
- 2 xícaras de água
- 2 xícaras de arroz integral
- Pimenta
- sal

Indicações:

Defina o Instant Pot para o modo refogado.

Adicione a carne à caçarola e doure até dourar.

Adicione água, feijão, arroz, tempero para taco, pimenta e sal e misture bem.

Cubra com molho. Feche a tampa e cozinhe em fogo alto por 14 minutos.

Uma vez feito isso, libere a pressão com a liberação rápida. Remova a capa.

Adicione o queijo cheddar e mexa até o queijo derreter.

Sirva e aproveite.

Nutrição (por 100g):464 calorias 15,3 g de gordura 48,9 g de carboidratos 32,2 g de proteína 612 mg de sódio

Delicioso macarrão com queijo

Tempo de preparo: 10 minutos

É hora de cozinhar: 10 minutos

Porções: 6

Nível de dificuldade: fácil

Ingredientes:

- 500 g de macarrão de cotovelo de trigo integral
- 4 xícaras de água
- 1 xícara de tomate picado
- 1 colher de chá de alho picado
- 2 colheres de sopa de azeite
- 1/4 xícara de cebolinha picada
- 1/2 xícara de parmesão ralado
- 1/2 xícara de mussarela ralada
- 1 xícara de queijo cheddar ralado
- 1/4 xícara de purê
- 1 xícara de leite de amêndoa sem açúcar
- 1 xícara de alcachofras marinadas, cortadas em cubos
- 1/2 xícara de tomate seco, fatiado
- 1/2 xícara de azeitonas fatiadas
- 1 colher de chá de sal

Indicações:

Adicione o macarrão, a água, o tomate, o alho, o azeite e o sal na Panela Instantânea e misture bem. Cubra a tampa e cozinhe em fogo alto.

Ao terminar, libere a pressão por alguns minutos e depois retire os resíduos pelo dreno rápido. Remova a capa.

Coloque a panela no modo refogado. Adicione a cebolinha, o parmesão, a mussarela, o queijo cheddar, a passata, o leite de amêndoa, as alcachofras, os tomates secos e as azeitonas. Misture bem.

Misture bem e cozinhe até o queijo derreter.

Sirva e aproveite.

Nutrição (por 100g):519 calorias 17,1 g de gordura 66,5 g de carboidratos 25 g de proteína 588 mg de sódio

Arroz com Pepino e Azeitona

Tempo de preparo: 10 minutos

É hora de cozinhar: 10 minutos

Porções: 8

Nível de dificuldade: médio

Ingredientes:

- 2 xícaras de arroz, enxaguado
- 1/2 xícara de azeitonas sem caroço
- 1 xícara de pepino picado
- 1 colher de sopa de vinagre de vinho tinto
- 1 colher de chá de raspas de limão
- 1 colher de sopa de suco de limão fresco
- 2 colheres de sopa de azeite
- 2 xícaras de caldo de legumes
- 1/2 colher de chá de orégano seco
- 1 pimenta vermelha picada
- 1/2 xícara de cebola picada
- 1 colher de sopa de azeite
- Pimenta
- sal

Indicações:

Adicione o óleo na panela interna da Panela Instantânea e selecione a panela para refogar. Adicione a cebola e refogue por 3 minutos. Adicione pimenta e orégano e refogue por 1 minuto.

Adicione o arroz e o caldo e misture bem. Feche a tampa e cozinhe em fogo alto por 6 minutos. Feito isso, deixe a pressão diminuir por 10 minutos e depois libere o restante com a liberação rápida. Remova a capa.

Adicione os ingredientes restantes e misture bem para combinar. Sirva imediatamente e aproveite.

Nutrição (por 100g):229 calorias 5,1 g de gordura 40,2 g de carboidratos 4,9 g de proteína 210 mg de sódio

Risoto com ervas aromáticas

Tempo de preparo: 10 minutos

É hora de cozinhar: 15 minutos

Porções: 4

Nível de dificuldade: médio

Ingredientes:

- 2 xícaras de arroz
- 2 colheres de sopa de parmesão ralado
- 100g de creme
- 1 colher de sopa de orégano fresco picado
- 1 colher de sopa de manjericão fresco picado
- 1/2 colher de sopa de salsinha picada
- 1 cebola picada
- 2 colheres de sopa de azeite
- 1 colher de chá de alho picado
- 4 xícaras de caldo de legumes
- Pimenta
- sal

Indicações:

Adicione o óleo na tigela interna da Panela Instantânea e clique na panela para refogar. Adicione o alho e a cebola à panela interna da Panela Instantânea e pressione a panela para refogar. Adicione o alho e a cebola e refogue por 2-3 minutos.

Adicione os demais ingredientes exceto o parmesão e o creme de leite e misture bem. Feche a tampa e cozinhe em fogo alto por 12 minutos.

Ao terminar, libere a pressão por 10 minutos e depois libere as restantes usando a liberação rápida. Remova a capa. Misture o creme de leite e o queijo e sirva.

Nutrição (por 100g):514 calorias 17,6 g de gordura 79,4 g de carboidratos 8,8 g de proteína 488 mg de sódio

Deliciosa massa primavera

Tempo de preparo: 10 minutos

É hora de cozinhar: 4 minutos

Porções: 4

Nível de dificuldade: fácil

Ingredientes:

- 250 g de penne de trigo integral
- 1 colher de sopa de suco de limão fresco
- 2 colheres de sopa de salsa fresca picada
- 1/4 xícara de amêndoas em flocos
- 1/4 xícara de parmesão ralado
- Lata de tomate de 14 onças, cortada em cubos
- 1/2 xícara de ameixas
- 1/2 xícara de abobrinha picada
- 1/2 xícara de aspargos
- 1/2 xícara de cenoura picada
- 1/2 xícara de brócolis picado
- 1 3/4 xícara de caldo de legumes
- Pimenta
- sal

Indicações:

Adicione o caldo, as cenouras, os tomates, as ameixas, as abobrinhas, os aspargos, as cenouras e os brócolis na Panela Instantânea e misture bem. Feche e cozinhe em fogo alto por 4 minutos. Uma vez feito isso, libere a pressão com a liberação rápida. Remova a capa. Misture bem o restante dos ingredientes e sirva.

Nutrição (por 100g):303 calorias 2,6 g de gordura 63,5 g de carboidratos 12,8 g de proteína 918 mg de sódio

Macarrão de Pimenta Assada

Tempo de preparo: 10 minutos

É hora de cozinhar: 13 minutos

Porções: 6

Nível de dificuldade: médio

Ingredientes:

- 1 libra de penne de trigo integral
- 1 colher de sopa de vinagrete italiano
- 4 xícaras de caldo de legumes
- 1 colher de sopa de alho picado
- 1/2 cebola picada
- Pimentões vermelhos assados em uma jarra de 14 onças
- 1 xícara de queijo feta esfarelado
- 1 colher de sopa de azeite
- Pimenta
- sal

Indicações:

Adicione o pimentão assado ao liquidificador e bata até ficar homogêneo. Adicione o óleo na panela interna da Panela Instantânea e coloque a panela no modo refogar. Adicione o alho e a cebola ao copo interno da Panela Instantânea e refogue. Adicione o alho e a cebola e refogue por 2-3 minutos.

Adicione o purê de pimentão assado e refogue por 2 minutos.

Adicione os outros ingredientes exceto o queijo feta e misture bem. Feche bem e cozinhe em fogo alto por 8 minutos. Quando terminar, libere naturalmente a pressão por 5 minutos e depois libere o resto com a liberação rápida. Remova a capa. Cubra com queijo feta e sirva.

Nutrição (por 100g):459 calorias 10,6 g de gordura 68,1 g de carboidratos 21,3 g de proteína 724 mg de sódio

Queijo Manjericão Arroz De Tomate

Tempo de preparo: 10 minutos

É hora de cozinhar: 26 minutos

Porções: 8

Nível de dificuldade: médio

Ingredientes:

- 1 1/2 xícaras de arroz integral
- 1 xícara de parmesão ralado
- 1/4 xícara de manjericão fresco picado
- 2 xícaras de tomate cereja, cortados ao meio
- 250g de molho de tomate
- 1 3/4 xícara de caldo de legumes
- 1 colher de sopa de alho picado
- 1/2 xícara de cebola picada
- 1 colher de sopa de azeite
- Pimenta
- sal

Indicações:

Adicione o óleo na tigela interna da Panela Instantânea e selecione a frigideira sobre o refogado. Coloque o alho e a cebola na tigela interna da Panela Instantânea e coloque-os na panela. Misture o alho e a cebola e refogue por 4 minutos. Adicione o arroz, o molho de tomate, o caldo, a pimenta e o sal e misture bem.

Feche e cozinhe em fogo alto por 22 minutos.

Feito isso, deixe a pressão liberar por 10 minutos, depois libere o resíduo com o sistema de liberação rápida. Remova a capa. Adicione o restante dos ingredientes e misture. Sirva e aproveite.

Nutrição (por 100g):208 calorias 5,6 g de gordura 32,1 g de carboidratos 8,3 g de proteína 863 mg de sódio

macarrão de atum

Tempo de preparo: 10 minutos

É hora de cozinhar: 8 minutos

Porções: 6

Nível de dificuldade: médio

Ingredientes:

- 10 onças de atum escorrido
- 15 onças de macarrão rotini de trigo integral
- 100 g de mussarela em cubos
- 1/2 xícara de parmesão ralado
- 1 colher de chá de manjericão seco
- Lata de 14 onças de tomate
- 4 xícaras de caldo de legumes
- 1 colher de sopa de alho picado
- 8 onças de cogumelos, fatiados
- 2 abobrinhas fatiadas
- 1 cebola picada
- 2 colheres de sopa de azeite
- Pimenta
- sal

Indicações:

Despeje o óleo na panela interna da Panela Instantânea e pressione a panela para refogar. Adicione os cogumelos, a abobrinha e a cebola e refogue até a cebola amolecer. Adicione o alho e refogue por um minuto.

Adicione o macarrão, o manjericão, o atum, o tomate e o caldo e misture bem. Feche e cozinhe em fogo alto por 4 minutos. Quando terminar, libere a pressão por 5 minutos e depois libere o restante com a liberação rápida. Remova a capa. Adicione os demais ingredientes, misture bem e sirva.

Nutrição (por 100g):346 calorias 11,9 g de gordura 31,3 g de carboidratos 6,3 g de proteína 830 mg de sódio

Sanduíches mistos de abacate e peru

Tempo de preparo: 5 minutos

É hora de cozinhar: 8 minutos

Porções: 2

Nível de dificuldade: fácil

Ingredientes:

- 2 pimentões vermelhos, assados e cortados em tiras
- 1/4 libra de peito de peru defumado com algaroba, em fatias finas
- 1 xícara de folhas inteiras de espinafre frescas, divididas
- 2 fatias de provolone
- 1 colher de sopa de azeite, dividido
- 2 rolos de ciabatta
- ¼ xícara de maionese
- ½ abacate maduro

Indicações:

Em uma tigela, amasse bem a maionese e o abacate. Em seguida, pré-aqueça a prensa panini.

Corte os sanduíches ao meio e espalhe o azeite por dentro do pão. Em seguida recheie com o recheio fazendo camadas à mão: provolone, peito de peru, pimentão assado, folhas de espinafre e espalhe a mistura de abacate e cubra com a outra fatia de pão.

Coloque o sanduíche na prensa panini e grelhe por 5 a 8 minutos até o queijo derreter e o pão ficar crocante e enrugado.

Nutrição (por 100g):546 calorias 34,8 g de gordura 31,9 g de carboidratos 27,8 g de proteína 582 mg de sódio

Frango com Pepino e Manga

Tempo de preparo: 5 minutos

É hora de cozinhar: 20 minutos

Porções: 1

Nível de dificuldade: difícil

Ingredientes:

- ½ pepino médio cortado longitudinalmente
- ½ manga madura
- 1 colher de sopa de vinagrete de sua preferência
- 1 tortilha de trigo integral
- Fatia de peito de frango de 1 polegada de espessura com cerca de 15 centímetros de comprimento
- 2 colheres de sopa de óleo para fritar
- 2 colheres de sopa de farinha de trigo integral
- 2-4 folhas de alface
- Sal e pimenta a gosto

Indicações:

Corte um peito de frango em tiras de 2,5 cm e cozinhe apenas um total de tiras de 15 cm. Seriam como duas tiras de frango. Guarde as sobras de frango para uso futuro.

Tempere o frango com pimenta e sal. Passe na farinha de trigo integral.

Em fogo médio, coloque uma frigideira pequena antiaderente e aqueça o óleo. Quando o óleo estiver quente, adicione as tiras de frango e frite até dourar, cerca de 5 minutos de cada lado.

Enquanto o frango cozinha, coloque as tortilhas no forno e cozinhe por 3 a 5 minutos. Depois reserve e transfira para um prato.

Corte o pepino no sentido do comprimento, use apenas metade e guarde o restante do pepino. Descasque o pepino cortado em quartos e retire a casca. Coloque as duas fatias de pepino na tortilha, a 2,5 cm da borda.

Corte a manga e guarde a outra metade com as sementes. Descasque a manga sem sementes, corte em tiras e coloque por cima do pepino na tortilha.

Assim que o frango estiver cozido, coloque-o alinhado ao lado do pepino.

Adicione a folha de pepino, regue com o vinagrete de sua preferência.

Enrole a tortilha, sirva e saboreie.

Nutrição (por 100g):434 calorias 10g de gordura 65g de carboidratos 21g de proteína 691mg de sódio

Fattoush – Pão do Oriente Médio

Tempo de preparo: 10 minutos

É hora de cozinhar: 15 minutos

Porções: 6

Nível de dificuldade: difícil

Ingredientes:

- 2 pães pita
- 1 colher de sopa de azeite extra virgem
- 1/2 colher de chá de sumagre, mais para depois
- Sal e pimenta
- 1 coração de alface romana
- 1 pepino inglês
- 5 tomates romanos
- 5 cebolas verdes
- 5 rabanetes
- 2 xícaras de folhas de salsa fresca picada
- 1 xícara de folhas de hortelã fresca picadas
- <u>Ingredientes do tempero:</u>
- 1 1/2 limão, suco
- 1/3 xícara de azeite extra virgem
- Sal e pimenta
- 1 colher de chá de sumagre moído
- 1/4 colher de chá de canela em pó
- 1/4 colher de chá de pimenta da Jamaica moída

Indicações:

Torre o pão sírio na torradeira por 5 minutos. E então rasgue o pão sírio em pedaços.

Em uma frigideira grande em fogo médio, aqueça 3 colheres de sopa de azeite por 3 minutos. Adicione o pão sírio e frite até dourar, cerca de 4 minutos, mexendo.

Adicione sal, pimenta e 1/2 colher de chá de sumagre. Retiramos os chips de pão pita do fogo e colocamos em papel absorvente para escorrer.

Em uma saladeira grande, misture a alface picada, o pepino, o tomate, a cebolinha, os rabanetes fatiados, as folhas de hortelã e a salsa.

Para fazer o vinagrete de limão, misture todos os ingredientes em uma tigela pequena.

Adicione o vinagrete à salada e misture bem. Adicione o pão sírio.

Sirva e aproveite.

Nutrição (por 100g):192 calorias 13,8 g de gordura 16,1 g de carboidratos 3,9 g de proteína 655 mg de sódio

Focaccia de alho e tomate sem glúten

Tempo de preparo: 5 minutos

É hora de cozinhar: 20 minutos

Porções: 8

Nível de dificuldade: difícil

Ingredientes:

- 1 ovo
- ½ colher de chá de suco de limão
- 1 colher de sopa de mel
- 4 colheres de sopa de azeite
- uma pitada de açúcar
- 1 ¼ xícara de água quente
- 1 colher de sopa de fermento seco ativo
- 2 colheres de chá de alecrim picado
- 2 colheres de chá de tomilho picado
- 2 colheres de chá de manjericão picado
- 2 dentes de alho picados
- 1 ¼ colher de chá de sal marinho
- 2 colheres de chá de goma xantana
- ½ xícara de farinha de milho
- 1 xícara de fécula de batata, não farinha
- 1 xícara de farinha de sorgo
- Farinha de milho sem glúten para polvilhar

Indicações:

Ligue o forno por 5 minutos e depois desligue-o, mantendo a porta do forno fechada.

Misture água morna e uma pitada de açúcar. Adicione o fermento e misture delicadamente. Deixe agir por 7 minutos.

Em uma tigela grande, misture as ervas, o alho, o sal, a goma xantana, o amido e as farinhas. Assim que o fermento crescer, despeje a farinha na tigela. Bata o ovo, o suco de limão, o mel e o azeite.

Misture bem e coloque em uma forma quadrada bem untada com manteiga e polvilhada com farinha de milho. Decore com alho fresco, outras ervas e tomate fatiado. Colocamos no forno quente e deixamos crescer meia hora.

Ligue o forno a 375°F e pré-aqueça por 20 minutos. A focaccia está pronta quando a parte superior estiver levemente dourada. Retire do forno, frite imediatamente e deixe esfriar. Deve ser servido quente.

Nutrição (por 100g):251 calorias 9 g de gordura 38,4 g de carboidratos 5,4 g de proteína 366 mg de sódio

Hambúrguer de cogumelos grelhados

Tempo de preparo: 15 minutos

É hora de cozinhar: 10 minutos

Porções: 4

Nível de dificuldade: médio

Ingredientes:

- 2 alfaces cortadas ao meio
- 4 fatias de cebola roxa
- 4 fatias de tomate
- 4 rolinhos de trigo integral, torrados
- 2 colheres de sopa de azeite
- ¼ colher de chá de pimenta caiena, opcional
- 1 dente de alho picado
- 1 colher de açúcar
- ½ xícara de água
- 1/3 xícara de vinagre balsâmico
- 4 tampas grandes de cogumelo Portobello, com cerca de 12 centímetros de diâmetro

Indicações:

Retire os talos dos cogumelos e limpe-os com um pano húmido.

Transfira para uma assadeira com as guelras voltadas para cima.

Numa tigela, misture o azeite, a pimenta caiena, o alho, o açúcar, a água e o vinagre. Despeje sobre os cogumelos e deixe marinar os cogumelos no refogado por pelo menos uma hora.

À medida que o tempo se aproxima, pré-aqueça a grelha em fogo médio-alto e unte a grelha com óleo.

Grelhe os cogumelos por cinco minutos de cada lado ou até ficarem macios. Unte os cogumelos com a marinada para que não sequem.

Para montar, coloque ½ sanduíche em um prato, decore com uma rodela de cebola, cogumelos, tomate e uma folha de alface. Cubra com a outra metade superior do sanduíche. Repita o processo com o restante dos ingredientes, sirva e saboreie.

Nutrição (por 100g):244 calorias 9,3 g de gordura 32 g de carboidratos 8,1 g de proteína 693 mg de sódio

Mediterrâneo Baba Ghanoush

Tempo de preparo: 10 minutos

É hora de cozinhar: 25 minutos

Porções: 4

Nível de dificuldade: médio

Ingredientes:

- 1 bulbo de alho
- 1 pimentão vermelho, cortado ao meio e sem sementes
- 1 colher de sopa de manjericão fresco picado
- 1 colher de sopa de azeite
- 1 colher de chá de pimenta preta
- 2 berinjelas cortadas longitudinalmente
- 2 rodadas de focaccia ou pita
- Suco de 1 limão

Indicações:

Cubra a grelha com spray de cozinha e pré-aqueça a grelha em fogo médio-alto.

Corte a parte superior do bulbo de alho e embrulhe-o em papel alumínio. Coloque na parte mais fria da grelha e grelhe por pelo menos 20 minutos. Coloque as rodelas de pimentão e berinjela na parte mais quente da grelha. Grelha em ambos os lados.

Assim que os bulbos estiverem prontos, descasque as cascas dos alhos torrados e coloque o alho descascado no processador de alimentos. Adicione azeite, pimenta, manjericão, suco de limão, pimentão vermelho assado e berinjela assada. Misture e despeje em uma tigela.

Torre o pão por pelo menos 30 segundos de cada lado para aquecê-lo. Sirva o pão com o molho de purê e saboreie.

Nutrição (por 100g):231,6 calorias 4,8 g de gordura 36,3 g de carboidratos 6,3 g de proteína 593 mg de sódio